**Bar
celo
na**

Lifestyle Creator's

[바르셀로나]

Barcelona

아뜰리에 15구 지음

오브바이포
Of By For

4

Spain
Barcelona

Prologue

2016년 9월 4일 오전 10시, 눈을 뜨자마자 가우디 성당으로 달려갔다. 오늘은 꼭 가우디 성당에 가봐야지 싶어 세수도 하지 않고 숙소를 나왔다. 내 눈 앞에 펼쳐진 가우디 성당을 보면서 가슴이 두근거렸다. 이런 충만한 마음을 남편과 함께 나누고 싶어 긴 줄을 기다려 예약을 하고 숙소로 돌아와 남편을 깨웠다.

간단히 바게트와 치즈를 먹고 나갈 채비를 하던 중 갑자기 뭔지 모를 불안증이 몰려왔다. 달력을 확인해보니 내일 서울에서 큰 행사가 잡혀 있었다. 하지만 나는 오늘 가우디 성당도 봐야 하고, 일요일에만 문을 여는 몰에도 가야 할 만큼 바르셀로나에서의 일정이 계획되어 있었다. 그런데 잠깐, 내일 서울에 도착하는 거면 우리는 지금 공항에 있어야 하는데 하는 생각이 들었다. 지금 뭐하고 있는 거지? 시간이 하루 더 남았나? 아니야. 내가 날짜를 잘못 계산한 거야. 여기서 하루를 더 머무를 수는 없어. 나는 남편한테 항공권을 보여달라고 했다.

역시나 불안은 현실로 다가온다. 9월 4일 12시 바르셀로나발 서울행. 우리는 눈앞이 깜깜해졌다. 세탁기에서는 옷이 돌아가고 있었고, 숙소 여기저기에는 온갖 물건이 널브러져 있었다. 비행기 시간은 20분밖에 남지 않았고, 그야말로 혼비백산했다. 세탁기 안에 있는 옷은 세탁기 문이 열리지 않아 포기하고, 씻지도 못하고 택시를 탔다. 공항에 도착하니 12시 30분, 비행기는 떠나고 없었다.
바르셀로나가 너무 좋아 스페인에 취해 언제 떠나야 하는지조차 망각했던 기억이다.

나는 또다시 바르셀로나행 티켓을 예약했다. 이번에는 남편이 아닌 동생과 함께. 인천공항으로 향하던 날, 마치 미켈란젤로의 '천지창조'를 보듯 하늘이 반짝반짝 빛나고 있었다.
'바르셀로나에 가면 분명 좋은 일이 일어날 거야. 하늘도 이렇게 빛나고 있는걸.'
그렇게 또 나는 떠났다. 햇살이 찬란하게 빛나는 스페인으로.

Spain
Barcelona

Contents

Prologue
4

day 1
설레는 여행의
시작
8

day 2
처음 경험한
시에스타
14

day 3
샛노란
아침
26

day 4
바르셀로나에서의
두 번째 집
38

day 5
적당히 기분 좋을
만큼의 뜨거움
52

day 6
우리만의
여행법
66

day 7
우리만의
보물 창고
74

day 8
느릿느릿
흘러가는 시간
86

day 9
초대 받은
날
100

day 10
병원 건물마저 아름다운
바르셀로나
108

day 11
현재와 과거를 넘나드는
시간 여행
116

day 12
시체스의
뜨거운 자유
128

day 13
낯선 주말의
여유
134

day 14
하나의 작품 같은
호안 미로 미술관
146

day 15
브루멜에서의
아침
162

day 16
자세히 봐야
예쁘다
170

day 17
바르셀로나에서의
세 번째 집
184

day 18
다시 바르셀로나에
갈 수밖에 없는 이유
194

day 19
한여름의
피크닉
204

day 20
두 번째
시체스
212

day 21
아무런 계획도
목적도 없이 그냥
220

day 22
감각적인 공간을
온전히 누리는 기분
234

day 23
바르셀로나의
기분 좋은 햇살
244

day 24
달콤한
세상 속으로
250

day 25
도시 전체가
거대한 식물원이라니!
258

day 26
빈티지한 인테리어
소품으로 가득한 곳
266

day 27
바삭하고 달달한
엔사이마다 하나 주세요
274

day 28
현지인들의 일상을
구경하다
284

day 29
기쁨과 아쉬움의
교차점에서
292

day 30
떠나는
날
302

Epilogue
306

8　　Spain
　　　Barcelona

day 1

설레는 여행의 시작

내게는 아주 귀엽고 착하지만 어린 친구 두 명이 있다.
서른이 훌쩍 넘어 어린 친구와 마음이 맞는 걸 보면
때로는 좀 이상하기도 하지만,
그들의 순수함과 천진난만함 때문인지 만나면 기분이 참 좋다.
그들은 어제까지만 해도 런던에 있었는데,
우리를 보러 이곳 바르셀로나까지 달려왔다.

10

Spain
Barcelona

day 1

서프라이즈가 분명하지만, 두 눈으로 보면서도 거짓말 같았다.
설마 오늘이 만우절은 아니겠지….
이런저런 우여곡절이 있었지만, 그 두 친구와 수영 언니를 만났다.
그렇게 바르셀로나에서 만난 우리는 하염없이 걷고 또 걸었다.
초록색 체크가 상큼했던 식당에서 맛있는 크로켓도 먹고,
쏟아져 내리는 햇살을 맞으며 재잘재잘 수다를 떨며 산책도 했다.
지나고 보니, 그들과 함께했던 시간이 달콤한 꿈을 꾼 것처럼 느껴진다.

여행을 시작하는 첫날은 혹여라도 소매치기를 당하면 어떡하지?
몸이라도 아프면? 테러를 당하지는 않겠지?
등등의 온갖 불안이 머릿속을 헤집고 다녔다.
그런데 첫날, 우리는 감사하게도 너무나 크고 소중한 선물을 받았다.
이렇게 사랑스러운 가족이 없었다면, 어떤 여행이었을까?

"언니와 두 친구들, 정말 고마웠어요!"

Spain
Barcelona

여행의 처음과 마지막을 카사 그라시아 호텔로 낙점했다. 그라시아 지구가 시작되는 초입에 있는 호텔로 호스텔도 같이 운영하고 있다. 모든 직원이 항상 웃는 얼굴로 친절했으며, 객실에는 아기자기하게 꾸민 코지한 공간과 테라스가 있어 더없이 여유로웠다. 매일 저녁 호텔에서는 쿠킹 클래스나 시내 투어 등 다양한 프로그램도 운영하고 있었다.
그라시아 지구에서의 산책은 언제나 즐겁지만 조금만 걸어 내려가면 카사 밀라와 카사 바트요가 있어 걷는 재미를 더했다. 바로 앞에 지하철역과 명품 거리가 있어 전혀 위험하지 않고 안전하다는 것도 이 숙소에 점수를 주고 싶은 이유다.

바르셀로나에서는 대부분의 가게가 오후 2시부터 4시 30분까지 시에스타 타임이라 해서 문을 닫는다. 우리도 그 시간이면 숙소로 돌아와 한두 시간 휴식을 취하고 오후 느지막이 외출을 했다. 그런 이유로 도심에서 너무 떨어진 곳보다는 들락날락하기 좋은 위치를 눈여겨보고 숙소를 정했다.

카사 그라시아 **Casa Gràcia**
Add Passeig de Gràcia, 116Bis, 08008 Barcelona
Instagram @casagraciabcn

14

Spain
Barcelona

day
2

처음 경험한
시에스타

살랑살랑 부는 봄바람처럼
기분 좋을 만큼의 따스함과
포근함으로 우리를 맞아주었다.

Buenos dias Barcelona!
(굿모닝 바르셀로나!)

바르셀로나 피카소 미술관 **Museu Picasso de Barcelona**
Add Carrer Montcada, 15-23, 08003 Barcelona
Open mon 10:00~17:00, tue~sun 09:00~20:30, thu 09:00~21:30
Instagram @museupicasso
www.museupicasso.bcn.cat

day 2

바르셀로나에서 처음으로 찾아간 미술관이다.
파리에서도 애정해 마지않는 동네에 피카소 미술관이 있었는데,
이곳에서도 좋아하는 거리에서 피카소 미술관이 있다.

우리가 방문했을 때는 '키친'을 주제로 특별 전시가 진행되고 있었다.
피카소의 시선으로 해석한 '주방'에 관한 것들이 전시돼 있었는데,
해산물을 좋아했던 그는 생선뼈를 본따 접시를 만들기도 했고,
귀여운 문어를 접시에 그려넣기도 했다.
우리가 좋아하는 '주방'과 '피카소'의 만남이라 더욱 흥미로웠다.

> **Articket BCN**
> 박물관과 미술관을 즐겨 찾는 여행객이라면 바르셀로나에 있는 여섯 곳의 유명 뮤지엄을 하나의 티켓으로 관람할 수 있는 '아트 패스포트 Art Passport'를 추천한다. 뮤지엄 티켓을 각각 사는 것보다 30유로인 아트 패스포트를 사는 것이 훨씬 저렴하기 때문이다. 우리는 피카소 미술관 매표소 바로 옆에서 이 티켓을 구입한 다음 뮤지엄 여섯 곳을 방문할 때마다 도장을 받았다. 지금도 티켓에 찍힌 여섯 개의 도장을 보면 왠지 모르는 뿌듯함마저 느껴진다. 작든 크든 뭔가를 해냈다는 성취감은 우리를 기쁘게 한다.
> http://articketbcn.org/

day 2

피카소 미술관에서 두세 시간 정도 관람을 했더니 어느새 오후 2시가 훌쩍 넘었다.
어디를 갈까 고민하다 구글맵에 표시해둔 그라시아 지구의 카페 카멜리아 Café Camèlia가 떠올랐다. 그런데 그곳을 찾아가는 내내 뭔지 모르게 거리가 이상하리만큼 조용했다. 분명 인기 있는 동네인데, 우리가 잘못 왔나 싶어 살짝 긴장했다. 그런데 웬걸!
카멜리아로 들어서자 온 동네 사람이 다 모인 듯 북적거렸다. 사연인즉, 오후 2시부터는 문을 닫는 상점이 많고, 식당은 그때부터 붐비기 시작했던 것. 조금 기다린 후 오늘의 메뉴라 할 수 있는 메뉴 델 디아 Menu del Dia를 시켰다.
전식, 메인, 디저트에 음료까지 포함해 1인당 10.9유로다. 채식 식당이라 음식 맛은 크게 기대하지 않았지만, 와인 한잔과 함께 맛있는 음식을 마주하니 몸과 마음이 릴랙스되면서 설레기까지 했다.
오늘 처음 우리는 이렇게 시에스타*를 경험했다. 앞으로 오픈 시간과 점심시간을 확인하며 다니기로 했다.

> **시에스타**
> 스페인어인 La Siesta는 낮잠을 말한다. 스페인에서는 점심을 먹고 나서 잠깐 휴식을 취하는데, 오래전부터 날씨가 온화한 국가에서는 이런 관습이 남아 있다. 시에스타는 라틴어인 Hora Sexta, 즉 여섯 번째 시간에서 유래했으며, 동틀 녘부터 정오 사이인 6시간이 지나 잠시 쉰다는 의미가 있다.

20

Spain
Barcelona

day 2

카페 카멜리아 **Café Camèlia**
Add Carrer de Verdi, 79, 08012 Barcelona
Open mon off, tue-sat 10:00~24:00, sun 10:00~21:00

22 Spain
Barcelona

바르셀로나에는 'made in Barcelona' 제품만 파는 상점이 종종 있다. 아이보리 Ivori도 그런 상점으로, 바르셀로나에서의 쇼핑을 알차고 풍성하게 만든다. 오직 바르셀로나에서만 살 수 있는 작은 액세서리부터 의류, 신발 등으로 가득해 눈을 즐겁게 할 뿐만 아니라 빈손으로 나오기가 정말 쉽지 않다. 이곳을 중심으로 매력적인 편집숍이 즐비해 우리가 즐겨 찾는 산책 코스이기도 하다. 사실 쇼핑은 여행에서 절대 포기할 수 없는 즐거움이 분명하다. 여행이 끝나고 나서 획득한 전리품을 바라보기만 해도 그 당시의 기억이 새록새록 떠오르니까. 하지만 쇼핑은 쇼핑일 뿐, 우리 여행의 본질이 될 수는 없었다.

day 2

아이보리 **Ivori**
Add Carrer dels Miralers, 7, 08003 Barcelona
Instagram @ivoribarcelona

Spain
Barcelona

day 2

우리가 머물렀던 카사 그라시아 뒤쪽으로 조금만 올라가면 그라시아 지구가 나온다. 우리는 매일 해 질 무렵이면 이 동네로 산책을 나섰다. 퇴근해서 장을 보거나 바삐 걸음을 옮기는 사람들, 삼삼오오 모여 맥주를 마시며 왁자지껄하게 이야기꽃을 피우는 그들의 일상을 들여다보는 것은 꽤나 흥미진진했다.
낯선 사람들 사이에서 낯선 곳을 돌아다니는 것만큼 여행에서 큰 즐거움이 또 있을까. 어쩌면 여행을 하는 가장 큰 이유일 테니 말이다.

우리가 바르셀로나에 있을 때는 8월 중순에 열리는 그라시아 축제를 위해 작품을 만드는 사람들이 거리에 가득했다. 하루가 다르게 작품이 완성되어가는 모습을 바라보는 것도 즐거웠지만, 하루 일과를 마치고 동네 사람들이 함께 작업하는 모습을 바라보고 있노라면 왜 이곳에 하루도 빠짐없이 와야 하는지 그 이유가 충분했다.
지금도 눈을 감으면 뜨거운 태양을 뒤로하고 멍하니 느릿느릿 걷던 그 거리, 그 시간이 떠오른다. 모든 것이 낯설었지만, 편안한 마음으로 산책할 수 있는 거리가 있었다는 사실만으로도 세상을 다 가진 듯했다.

26 Spain
Barcelona

day 3

샛노란 아침

스페인 하면 가장 먼저 옐로가 떠오른다.
노란 자두, 노란 양말, 노란 표지의 피카소 '키친' 책.
옐로만큼 따스하고 포근한 하루를 보낼 것 같은
예감이 드는 아침이다.

28

Spain
Barcelona

day 3

한낮이 되면 뜨겁다 못해 델 것처럼 뜨거운 햇살 아래 보드를 타는 사람들이 있다.
가이드북에서는 늦은 밤에는 절대 가지 말라고 권고하는 라발 지구의 현대미술관 앞이다. 36℃가 넘는 더위 속에서 넘어지고 부딪히면서 보드를 타는 그들을 보고 있노라면, 시멘트 바닥을 가르는 보드의 리드미컬한 소리마저 경쾌하게 들린다.
가우디 건축물이 과거의 아름다움을 보여준다고 하면, 하얀색 건축 앞에서 키스 해링의 빨간 벽화를 배경으로 수많은 젊은이가 보드를 타고 있는 모습은 바르셀로나 현재의 모습이 아닐까. 이렇게 과거의 아름다움과 현재의 날것이 공존하는 바르셀로나를 어찌 사랑하지 않을 수 있을까.
현대미술관 뒤쪽에는 키스 해링의 벽화가 있고, 옆으로 CCCB(바르셀로나 현대문화센터)가 있다. 뒤쪽으로 걸어가면 골목 곳곳에 빈티지숍이 즐비하고 앞으로는 레스토랑과 카페, 마켓, 서점이 있는 거리가 펼쳐진다. 우리는 여행의 고단함도 잊은 채 그곳을 걷고 또 걸었다.

30 Spain
    Barcelona

지극히 완벽한 맛을 원한다면, 판 콘 토마테 Pan con Tomate.
빵과 토마토, 마늘 1쪽, 올리브유를 준비한다. 빵 한 면에 마늘을 문지르고, 그 위에 토마토의 즙이 나올 만큼 문지르고 신선한 올리브유를 뿌린다. 재료도, 만들기도 무척 간단해 보이지만, 입안에 넣는 순간 예상치 못한 맛에 감탄하고 만다.
이날 이후 우리는 어디를 가나 이 메뉴를 주문했다. 재료만 내주는 곳도 있고, 완성된 상태로 주는 곳도 있다. 처음에는 '이렇게 간단한 요리가 뭐 얼마나 맛있겠어?' 하고 생각했지만 그야말로 완벽했다!
그 이유는 분명 훌륭한 식재료 때문이리라. 지중해의 강렬한 태양을 자양분으로 자란 토마토. 마늘. 올리브의 조합이라니, 무엇이 더 필요하겠는가.

day 3

엔 비예 En Ville
Add Carrer del Dr. Dou, 14, 08001 Barcelona
Open mon~sat 13:00~16:00, 19:30~23:30, sun off
Instagram @envillerestaurant

Spain
Barcelona

엔 비예가 있는 거리에는 유기농 마켓과 편집숍이 몇 곳 더 있다. 그중에서도 라 바리에테 La Variété는 라탄으로 만든 소품을 주로 취급한다. 바르셀로나는 빈티지 소품보다 라탄같이 자연 소재로 만든 제품을 판매하는 곳이 많다. 라탄 제품은 종류도 다양할뿐더러 가격도 그리 비싸지 않아 인테리어 제품으로 인기가 좋은 편이다.
지금도 부피가 커서 고민하다 데려오지 못한 라탄 제품이 눈에 아른거린다. 여행지에서의 쇼핑은 기회가 딱 한 번밖에 없다는 것이 늘 문제다.

라 바리에테 **La Variété**
Add Carrer del Dr. Dou, 12, 08001 Barcelona
Open mon~sat 11:00~20:30, sun off
Instagram @lavariete

Spain
Barcelona

day 3

라 바리에테 건너편에 우리의 시선을 잡아끄는 또 다른 편집숍이 있었다. 자유로운 영혼을 떠올리게 하는 다양한 색감의 의류와 리넨 제품, 가구 그리고 식기가 만들어내는 조화에 눈이 휘둥그레졌다.
편집숍은 꼭 물건을 사지 않아도 집 안 꾸밈에 도움이 되는 인테리어 팁을 배울 수 있다. 감각적인 공간을 둘러보기만 해도 큰 공부가 되고 자산이 되기 때문에 절대 놓칠 수 없다.

카롤리나 블루 Carolina Blue
Add Calle Dr. Dou, 11, 08001 Barcelona
Open mon~sat 10:30~20:30, sun off
Instagram @carolinabluebarcelona

카롤리나 블루에서 나와 오른쪽으로 살짝 돌면 건너편에 유명한 카페 카라베예 Caravelle가 있다. 커피와 브런치, 버거와 타코, 맥주 등을 파는데, 아침저녁 불문하고 항상 많은 사람들로 붐비는 곳이다.

카라베예 Caravelle
Add Carrer del Pintor Fortuny, 31, 08001 Barcelona
Open mon 09:30~17:30, tue~fri 09:30~01:00, sat 10:00~01:00, sun 10:00-17:30
Instagram @caravelle31

Spain
Barcelona

바르셀로나에 온 지 3일째다. 이제 서서히 주변의 작은 마켓이 눈에 들어오기 시작했다. 우리는 먹을 것을 한 꺼번에 많이 사기보다 매일 필요한 만큼만 조금씩 사기로 했다.
지나고 보면, 지나치게 욕심을 내서 좋았던 적이 별로 없었던 것 같다. 이것저것 맛있어 보여서, 싸서 등의 이유로 음식을 샀더니 먹는 것보다 버리는 것이 많았다.

오늘은 무화과와 납작 복숭아, 토마토를 샀다. 푸짐하게 담았는데도 가격이 너무 저렴해서 놀랐고, 입에 넣은 순간 너무 맛있어서 두 번 놀랐다. 더욱이 평소에는 잘 먹지 않는 방울토마토가 여기서는 최고의 간식이다.

day 3

2년 전 스페인으로 신혼여행을 떠나기 두세 달 전부터 스페인어를 열심히 공부했던 기억이 난다. 동영상을 보면서 책이 너덜너덜해질 때까지 공부했지만, 막상 스페인에서는 한마디도 하지 못했던 서글픈 기억이다.
이번에도 실생활에 필요한 표현 위주로 몇 달 공부하고 왔다. 그런데 놀라운 것은, 이번에는 좀 더 자신감을 갖고 음식을 주문하고, 길을 묻고 찾는 정도는 할 수 있게 되었다. 물론 바르셀로나에서는 스페인어를 하지 않아도 기본적인 의사소통은 영어로 가능하다.
내가 아주 기본적인 표현이라도 배우고 갔던 이유는 비록 한 달이라도 진정한 바르셀로나 라이프를 느껴보고 싶어서다. 우리의 그런 작은 노력이 빛을 발할지 지켜보고 싶다.

38 | Spain Barcelona

day 4

바르셀로나에서의
두 번째 집

오늘은 두 번째로 숙소를 옮겼다. 첫 번째 숙소인 카사 그라시아에서 조금 걸어 내려가면 카사 밀라가 있고, 그 뒤쪽에 두 번째 숙소인 프락티크 베이커리 Praktik Bakery가 있다.

day 4

바르셀로나에서의 한 달 동안 20일은 호텔에서, 나머지 10일은 주방과 거실이 있는 집을 빌렸다. 숙소를 정하는 가장 중요한 기준은 청결과 에어컨이었다. 파리에서 한 달 지내는 동안 두 곳에서나 기온이 37~38℃를 오르내렸지만, 에어컨은 고사하고 선풍기도 없이 얼음물을 안고 잔 적이 많았다.
또 사진과 달리 청결 상태가 엉망이라 주방 근처에는 얼씬도 하기 싫을 만큼 더러운 집도 있었다. 이런 일을 겪다 보니 바르셀로나에서는 무엇보다 에어컨이 있고 깨끗하고 쾌적한 방이 절실했다. 문밖을 나서면 어디라도 맛있는 식당이 많기에 굳이 음식을 해먹을 필요는 없었다.
우리는 바르셀로나에서 진정 휴가다운 휴식을 만끽하고 싶었다. 열심히 살아온 우리에게 주는 선물 같은 시간을 알차게 보내야 했으니까.

Spain
Barcelona

'바르셀로나=가우디'할 만큼 바르셀로나에서는 많은 관광객이 가우디 투어를 한다. 3박4일 정도의 짧은 일정에서 가우디의 건축물을 꼼꼼하게 살펴보려면 투어가 맞을 수도 있다. 하지만 우리는 한 달이라는 길다면 길고, 짧다면 짧은 시간이 주어졌기에 투어보다는 마음이 가는 몇 곳만 천천히 둘러보기로 했다.

《스페인은 가우디다》라는 책을 참고로 아침마다 보고 싶은 가우디의 건축물을 체크하며 하나씩 둘러보았다. 그중에서도 숙소 바로 앞에 있는 카사 밀라는 가장 가보고 싶었던 곳이다.

몬세라트 Montserrat 산에서 영감을 받아 곡선으로만 이뤄진 카사 밀라는 건물의 외관만 보기에는 아까울 만큼 내부와 옥상 역시 각각의 스토리가 넘쳐났다. 더욱이 한글을 지원하는 오디오 가이드가 있어 천천히 관람하기 좋다.

day 4

42

Spain
Barcelona

day 4

44
Spain
Barcelona

day 4

카사 밀라 Casa Milà
Add Provença, 261-265, 08008 Barcelona
Open March 1~November 3 mon~sun 09:00~20:30, night tour 21:00~23:00
November 4~February 28 mon~sun 09:00~18:30, night tour 19:00~21:00
계절에 따라 관람 시간이 다르니 반드시 확인 후 방문한다.
Instagram @lapedrera_barcelona

day 4

카사 밀라 1층에는 카페가 있는데, 가볍게 커피를 마시거나 식사도 할 수 있다. 오디오 가이드를 들으며 가우디의 건축물에 흠뻑 빠져보는 것도 즐거운 경험이지만, 가우디가 만든 건축물에서 커피를 마시는 시간도 말할 수 없이 행복했다. 휘몰아치는 물결이 강하게 다가오는 천장도 카사 밀라를 더욱 특별하게 만든다.

카사 바트요 Casa Batlló
카사 밀라에서 조금 내려오면 카사 바트요가 있다. 밤늦도록 재즈 공연이 펼쳐지며 야경이 유명한 곳이다.
Add Passeig de Gràcia, 43, 08007 Barcelona
Open everyday 09:00~21:00

48

Spain
Barcelona

프락티크 베이커리에서 걸어서 5분 정도에 위치한 유명한 인테리어 디자이너 하이메 베리에스타인 Jaime Beriestain의 컨셉트숍은 바르셀로나의 유명 디자이너들도 추천하는 곳이다.
컨셉트숍답게 온갖 테이블웨어와 주방 기구를 비롯해 서적, 가드닝 등 다양한 인테리어 제품을 소개하고 있다. 그 옆으로 이어지는 카페와 레스토랑은 세련된 인테리어로 중무장한 채 다양한 음식을 팔고 있다. 독특한 물건에 열광하는 분이라면 추천한다.

하이메 베리에스타인 Jaime Beriestain
Add Carrer de Pau Claris, 167, 08037 Barcelona
Open mon~fri 10:00~21:00, sat 11:00~21:00, sun&bank holidays 11:30~19:30
Instagram @jaimeberiestain

day 4

문득 이런 걱정을 했더랬다. 8월이면 그들도 모두 휴가를 떠나 문을 닫는 곳이 많지 않을까? 물론 휴업 중인 곳도 있지만 우리가 8월을 잘 선택했다고 생각한 이유 중 하나는 그라시아 축제 때문이었다.

축제는 둘째, 셋째 주로 이어지지만 8월 첫째 주부터 매일 밤 축제를 준비하는 사람과 거리의 변화하는 모습을 지켜보는 것만으로도 너무나 즐거웠다. 저녁이 되면 각자의 일과를 끝낸 주민들이 모여 재활용품을 활용해 거대한 리사이클 작품을 만들기도 하며, 축제의 주제에 맞춰 거리를 화려하게 장식했다. 그렇게 축제를 준비하는 과정을 지켜봐서일까, 실제 축제보다 해 질 녘의 거리 풍경이 먼저 떠오르고 강하게 기억에 남아 있다.

52   Spain
Barcelona

day
5
적당히 기분 좋을
만큼의 뜨거움

아주 서서히 바르셀로나에서의 시간이
친근하게 다가오기 시작했다.
조금 덥긴 했지만 한국보다는 시원했고,
햇살은 뜨거웠지만 적당히 기분 좋을 만큼의 뜨거움이다.
오늘은 가고 싶었던 해변으로 향했다.

day 5

꼭 한번 가고 싶었던 개인 갤러리가 있어 아침을 먹고 느긋하게 그라시아 지구를 돌아다녔다. 예술학교와 아트 갤러리가 모여 있어 예술적인 분위기가 느껴지는 조용한 거리에 위치한 그곳은 안타깝게 문이 닫혀 있었다.
이제 어디를 가야 하나 잠시 고민하다 어젯밤 산책하다 발견한 작은 커피집이 떠올랐다. 주의 깊게 살피지 않으면 좀처럼 눈에 띄지 않지만, 커피 향을 따라가면 슬로모브 Slowmov를 찾을 수 있다.
로스팅 카페로 원두와 커피를 메인으로 판매하지만, 초콜릿도 맛볼 수 있으며 커피와 관련한 워크숍도 진행하고 있다. 카페 이름처럼 원두를 고르는 것부터 커피를 내주기까지 모든 과정이 맛있는 커피를 만들기 위한 본연에 집중하는 곳이다.

슬로모브 Slowmov
Add Carrer de Luis Antúnez, 18,
08006 Barcelona
Open tue~fri 08:30~15:00, sat 10:00~14:30
Instagram @slow.mov

Spain
Barcelona

서울에 살면서 좀처럼 바다를 볼 수 없어 바르셀로나에 가면 원 없이 해변을 즐겨보리라 했다. 햇살이 너무 뜨거워 화상을 입을 수 있다는 생각에 화상 연고도 챙겼다. 모래사장에 까는 매트도 샀다. 가는 길에 마트에서 과일을 샀고 수영복도 챙겼다.
8월의 바르셀로나 타 해변은 항상 많은 사람으로 붐비지만, 위로 쭉 올라가면 나오는 보가텔은 한결 한적하고 고요해서 바닷가의 정취가 강하게 느껴졌다. 이곳 사람들은 해변에 자주 오기 때문인지 대부분 개인 파라솔과 의자를 가지고 있다. 또 옷 속에 수영복을 입고 온다. 해변에 매트를 깔고, 웃옷을 벗고 수영을 하다 물기를 닦고 다시 옷을 입고 돌아가는 듯했다.
하지만 우리는 온 종일 쓸 수 있는 파라솔을 빌렸다. 처음이라 그랬을까. 물에 들어갈 용기도 생기지 않았고, 눈앞에서 비키니 윗도리를 훌훌 벗는 사람들을 보고 있으려니 왠지 모르게 위축되는 기분이었다. 읽을 책도 가져오지 않아 그저 멍하니 앉아 사람들을 관찰했다. 태닝을 하는 사람, 수영을 하는 사람, 라디오를 켜고 낮잠을 자는 사람, 책을 읽는 사람…
파도 소리와 새소리 그리고 사람들의 작은 대화 소리만 들리는 한적한 이 풍경이 왠지 친근하게 다가왔다. 파라솔 아래 몸을 숨기고 아무것도 하지 않고 사람들을 관찰하는 것으로 우리의 첫 번째 해변 즐기기는 허무하게 끝났다. 다음에는 설마 물에 들어갈 용기가 생기겠지?

day 5

58 Spain
Barcelona

day 5

보가텔 해변 **Platja del Bogatell**
Add Paseo Maritimo del Bogatell, 80, 08005 Barcelona

60 Spain
Barcelona

day 5

day 5

요즘 나도 모르게 눈이 가고 챙겨 보게 되는 브랜드나 잡지의 공통점 혹은 키워드는 스페인이다. 자유로우면서 자신만의 컬러와 아이덴티티가 강하게 느껴진다는 게 특징이다. 우연히 이들 브랜드의 인스타를 구경하다 타고 들어간 에마파르도스 스토어 Emmapardos Store. 옷과 액세서리의 디스플레이부터 컬러, 각각의 사진에서 풍기는 자유로운 몸짓은 바르셀로나에 가면 반드시 가보고 싶게 만들었다. 그라시아 지구에 위치하는데, 영업시간이 길지 않아 시간을 잘 맞춰야 한다. 숍은 그리 크지 않지만, 자신만의 개성으로 똘똘 뭉친 독특한 분위기가 압권이다.

에마파르도스 스토어 Emmapardos Store
Add Arrer de Sant Gabriel, 8, 08012 Barcelona
Open wed~thu 17:00~20:00, fri 11:00~13:00, 17:00~20:00
Instagram @emmapardos_store

64 Spain
Barcelona

바르셀로나는 내려진 셔터를 보는 것만으로도 흥미로운 도시다.
똑같은 셔터가 하나도 없다는 게 그저 신기할 따름이다.
저마다의 개성과 스토리가 담겨 있다.
셔터 안에 어떤 스토리가 있을지
그림을 보고 상상하는 것만으로도 한없이 즐겁다.

**Spain
Barcelona**

day 6

우리만의 여행법

한 달을 쉬기 위해 열한 달을 쉬지 않고 일했다. 더욱이 떠나기 직전에는 부재중인 한 달이 나 없이 굴러갈 수 있도록 하루도 쉬지 않고 열심히 일했다. 긴장이 풀린 탓인지, 바르셀로나에 도착하자마자 맞이한 주말에 몸이 아팠다. 많이 먹지도 않았는데 심하게 체했다. 약을 먹고 조금 쉰 것 같은데 반나절이 훌쩍 지나 있었다.

day 6

처음 맞이한 일요일에 배운 중요한 사실 하나, 작은 마트든 큰 마트든 모든 상점이 문을 닫는다는 것이다. 간혹 문을 열어도 오전이나 오후가 좀 지나면 영업을 끝낸다. 그런 사실을 알 리 없는 우리는 문을 닫기 직전의 빵집에서 간신히 샐러드와 빵을 사왔다. 이렇게 하나씩 경험하면서 이곳에 적응해가는 근육을 키우고 있다.
그런데 이런 경험이 두렵기보다 잘 모르는 이 동네의 룰을 하나씩 배워가는 즐거움이 크다. 하지만 이런 삶에 적응하고 익숙해질 즈음에는 이곳을 떠나야겠지.

바루아르드 **Baluard**
Add Carrer de Pau Claris, 188, 08037 Barcelona
Open 08:00~21:00, sun 08:00~14:30

day 6

바루아르드 Baluard는 호텔 프락티크 Hotel Pratik에서 운영하는 빵집이다. 호텔에서 나와 오른쪽으로 돌아 30m만 더 가면 빵집이 나온다. 호텔 1층 내부와 똑같은 곳이지만 테이크아웃 전문점이다.
현지인들이 즐겨 찾은 이곳 샐러드와 샌드위치는 단연 압권이다. 늘 과식하게 되는 바르셀로나에서는 이틀에 한 번은 샐러드로 가볍게 먹어야 한다. 여러 곳을 다녀봤지만, 이곳이 양도 많고 맛도 훌륭하다.

Spain
Barcelona

우리는 여행하면서 가급적 쇼핑을 하지 않는다.
한국에서 구하기 힘든 책이나 스튜디오에 필요한 소품이라면 모를까,
최대한 쇼핑을 절제하며 다니는 편이다.
대신 꼬깃꼬깃 구겨진 영수증이나 팸플릿, 명함은 욕심껏 챙긴다.
일주일간 쇼핑이라고는 전혀 안 했지만, 가방은 종이뭉치로 가득하다.
바르셀로나에는 각 구역을 안내하는 무료 지도가 상당히 많다.
'이게 정말 무료란 말야?' 하는 생각이 들 만큼 퀄리티가 상당하다.
그래서 다른 나라보다 더 많은 종이를 수집하게 된다.

Spain
Barcelona

주말만큼은 한가하게 보내자고 했건만,
그 약속이 무색할 만큼 우리는 또 나가서 걷고 있었다.
평일과 달리 적막에 휩싸인 거리는 또 다른 매력을 뿜어냈고,
우리는 건물과 빛에 온전히 집중할 수 있었다.
컬러, 모양, 디테일 등 어느 하나 똑같은 게 없는 건물과 타일을 살피고,
빛에 따라 달라지는 건물의 컬러 스펙트럼을 바라보는 것은
이 도시를 즐기는 방법 중 하나다.
거리의 건축물을 바라보는 것만으로도 공부가 되는
'이상한 나라'의 도시가 분명하다.

day 6

74

Spain
Barcelona

day 7

우리만의
보물 창고

각종 빵과 식자재부터 와인, 생활용품에 이르기까지 온갖 물건을 판매하는 이곳은 바르셀로나 곳곳에 지점이 있는 유기농 마켓 베리타스 Veritas다. 보통 마트와도 가격 차이가 크지 않아 숙소에서 가까운 팔라우 로베르트 Palau Robert 옆에 있는 지점을 자주 이용했다.

day 7

우리는 아침에 먹을 과일과 요거트, 맥주 안주나 야식으로 먹을 유기농 크래커를 샀다. 바르셀로나에서 판매하는 감자칩이나 견과류는 보통 짠맛이 강한데, 이 유기농 크래커는 야식에 대한 죄책감이 한순간에 사라져 아마 거의 매일 먹었던 것 같다.

베리타스 Veritas
Add Carrer de Còrsega, 302, 08008 Barcelona
Open mon~sat 09:00~21:00
Instagram @supermercadosveritas

Spain
Barcelona

카사 비센스는 타일 공장을 운영하는 비센스가 가우디에게 의뢰해 지은 개인 주택이다. 누구나 알고 있듯 가우디의 건축물은 대부분 곡선 형태를 띠는데, 카사 비센스는 가우디의 처녀작으로 유일하게 직선의 아름다움을 볼 수 있다.

컬러풀한 타일과 꽃, 숲속을 표현한 듯한 천장과 벽면이 감탄을 자아낸다. 유네스코 세계문화유산으로 지정된 카사 비센스는 원래 현재 남아 있는 건축물의 3배 크기였으며, 건물을 완공한 뒤 타일 공장이 파산할 만큼 수많은 타일이 사용되었다고 한다.

day 7

Spain
Barcelona

카사 비센스에 있는 정원에는 마스카르포네 크루아상으로 유명한 호프만 베이커리가 있다. 우리는 어떤 공간을 집중해서 돌아보고 나면 커피 한잔하며 그 감회를 느긋하게 되새기는 시간이 필요하다. 이곳 역시 시간 여행을 끝내고 현실로 돌아와 잠시 고요를 즐기고 싶은 그런 공간으로 제격이었다.

day 7

카사 비센스 Casa Vicens
방문 전 인터넷으로 사전 예약을 하고 갈 것.
Add Carrer de les Carolines, 20, 08012 Barcelona
Open 3~10월 mon 10:00~15:00, tue~sun 10:00~19:00 4~9월 10:00~20:00
Instagram @casavicens

80

Spain
Barcelona

파리에서는 매일 밤만 되면 라면 생각이 났다.
신기하게도 바르셀로나에서는 단 한 번도 한국 음식을 먹지 않았다.
따뜻하고 매콤한 음식이 당길 때는 늘 분보 Bún Bò로 향했기 때문이다.
한국에서는 잘 먹지 않았던 베트남 음식이 이곳에서 '소울푸드'가 될 줄이야!

분보 베트남 Bún Bò Việtnam
'키스의 벽'이라는 벽화 근처에 있는 분보는 이국적인 인테리어가 돋보이는 베트남 쌀국숫집이다. 다른 곳과 마찬가지로 메뉴 델 디아도 있고, 요일과 시간에 상관없이 많은 사람이 찾는다. 고딕과 라발 지구 두 곳에 지점이 있다.
Add Carrer dels Sagristans, 3, 08002 Barcelona
Open mon~sun 12:00~24:00, fri&sat 12:00~01:00
Instagram @bunborestaurants

day 7

82

Spain
Barcelona

day 7

우리의 마음을 사로잡고 달뜨게 하는 곳으로
에익삼플레 지구를 빼놓을 수 없다.
온갖 색들이 자신의 존재감을 뽐내는 브랜드숍, 편집숍, 오래된 꽃집을
서성거리며 기웃거리다 보면 '아, 산책의 즐거움은 이런 거구나!' 하는
생각이 들면서 우리만의 보물 창고를 찾아 또다시 힘을 낸다.

이곳을 지날 때마다 항상 궁금증을 자아냈던
엘 메르카데르 데 르에익삼플레 El Mercader de l'Eixample라는
음식점 옆에 반지하 서점이 있다.
몇 번이나 방문을 망설이다 용기를 냈다.
분명 우리가 볼 만한 책이 있을 거라 확신하며….

라 셀트랄 La Central
Instagram @lacentral_libreria

84

Spain
Barcelona

삐걱거리는 나무 계단을 따라 2층으로 올라가니
멋들어진 나무 바닥에 높고 하얀 격자창이 펼쳐졌다.
그 넓은 창을 통해 기분 좋은 햇살이 가득 들어왔다.
책과 잡지가 있고 테이블마다 아름다운 꽃으로 장식된
이 북카페에 오지 않았으면 정말 후회할 뻔했다.

코스몰라센랄 Cosmolacenral
Add Carrer de Mallorca, 237, 08008 Barcelona
Open mon~fri 10:00~21:00, sat 10:30~21:00
Instagram @cosmolacenral

day 7

86

**Spain
Barcelona**

day
8

느릿느릿
흘러가는 시간

"Bon dia(굿모닝)!"
누구나 아침이면 좋은 하루를 보내고 싶을 테다.
우리가 머무르는 프락티크 베이커리 1층에서는 하루 종일 고소한 빵 냄새가
났다. 누가 먼저랄 것도 없이 매일 아침 눈을 뜨자마자 책 한 권과 수첩을 가지
고 1층으로 향했다.

day 8

주문할 때 '부에노스 디아스 Buenos dias!'라고 인사해야지 하며
속으로 수없이 되뇌었지만, 정작 들려오는 인사는 '본디아~'다.
분명 스페인어 책에는 '부에노스 디아스 Buenos dias!'라고 했는데?
바르셀로나에서는 스페인어와 카탈루니아어를 같이 사용한다.
관광객이 많은 곳에서는 스페인어와 영어 메뉴판을 쉽게 볼 수 있지만,
현지인으로 북적대는 곳에서는 카탈루니아어를 자주 들을 수 있다.

88 Spain
    Barcelona

라발 중심 지구에 위치한 바르셀로나 현대미술관 MACBA은 백색 건축가로 알려진 거장 리차드 마이어의 작품이다. 라발 지구는 과거 낙후되었던 동네가 MACBA를 중심으로 지금은 문화 휴양지로의 역할을 톡톡히 담당하고 있다.

90 Spain
Barcelona

day 8

92

Spain
Barcelona

바르셀로나 현대미술관 **MACBA**

Add Plaça dels Àngels, 1, 08001 Barcelona
Open tue off, sat 10:00~20:00, sun&holidays 10:00~15:00,
every sat 16:00~20:00 free admission
Instagram @macba_barcelona

day 8

MACBA는 현대미술에 그다지 관심이 없어도 미술관의 공간과 작품을 보는 순간 압도당해 시간 가는 줄 모르고 푹 빠져들 것이다. 또 각 층별로 전시된 다양한 현대미술 작품과 유리창을 통해 들어오는 빛, 그 유리창 너머로 스케이트보드를 타는 사람들이 어우러져 그 자체로 하나의 예술 작품을 만들어낸다.

웅장한 스케일의 건축물과 작가의 영혼이 깃들어 있는 작품, 오묘한 빛 그리고 활기찬 기운의 광장 등 이 모든 것이 젊음의 에너지를 우리에게 전해준다. MACBA는 아마 영원히 바르셀로나의 젊음으로 기억될 것이다. 아트 티켓으로 입장이 가능하며, 실내에 있는 아트 서점은 티켓 없이도 들어갈 수 있다.

Spain
Barcelona

day 8

라발 지구는 젊은 예술가들의 그래피티와 설치 미술로 지금, 이 순간의 젊은 예술적 향취를 느낄 수 있으며, MACBA 앞에서 스케이트보드를 타는 젊은이들을 보는 순간 신선한 기운이 전해진다. 골목마다 자기만의 색이 선명한 온갖 숍과 카페는 라발 지구를 더욱 빛내는 주연들이다. 그렇게 MACBA 근처를 어슬렁거리다 보면 카메라를 들게 되는 한 장면이 있다.
창가를 조각상의 머리로 가득 채운 카페가 있고, 그 앞에 비밀스러운 빈티지 가게가 있다. 겉으로는 작은 가게처럼 보이지만, 들어가면 공간 깊숙이 색색의 다양한 빈티지 옷과 소품이 즐비한 P.N.B를 만나게 된다. 바르셀로나에서 찾은 보물 같은 소중한 장소다.

Produit National Brut(P.N.B)
Add c/ Ramalleres 17bis, Barcelona
Open mon~sat 11:00~21:00
Instagram @produitnationalbrut

day 8

라발 지구가 변한 것은 분명하지만, 여전히 그곳을 걷다 보면 살짝 긴장할 때도 있다. 관광객이 북적거리는 구역과 달리 한적하면서 움츠러들게 되는 그런 지역이 있다. 지도를 보면서도 엘 하르디 El Jardi를 찾지 못해 라발 지구를 한참 헤매는 동안 우리도 모르게 카메라를 가방에 숨기고 빠르게 걷고 있었다.

주의를 기울이지 않으면 쉽게 지나칠 수 있을 만큼 작은 공원에 붙어 있는 엘 하르디는 낮에 가도 좋지만 밤늦게 와인 한잔하면서 소박한 만찬을 즐기기에 최적의 장소라 할 수 있다. 이렇게 밤낮으로 현지인과 관광객이 넘쳐나는 것을 보면 분명 그곳만의 매력이 있다는 걸 알 수 있다. 누군가의 비밀 정원에 초대 받은 듯한 이곳에서 한낮의 뜨거운 햇살을 피해 맥주 한잔하며 멍하니 하늘과 주변을 마냥 바라볼 수 있다면…. 느릿느릿 흘러가는 시간을 바라보는 기분이란….

엘 하르디 El Jardi
Add Carrer de l'Hospital, 56, 08001 Barcelona
Open 10:00~24:00
Instagram @eljardi_barcelona

Spain
Barcelona

현지인들이 추천하는 핫플 리스트에서 포트벨 Port Vell이 빠질 수는 없다. 많은 유학생이 올리는 포트벨 사진은 보기만 해도 우리의 마음을 촉촉하게 만들기 충분했고, 그런 그들의 여유로움이 부러웠다. 그렇게 포트벨은 막연한 그리움의 대상이었다.

바르셀로나에 도착해서 몇 번이나 포트벨을 찾았지만 어찌 된 영문인지 번번이 실패했다. 지도에서 포트벨만 검색해도 될 것을, 해변 어디쯤 걷다 보면 항구가 나오지 않을까 하고 몇 번이나 바르셀로나타 해변만 배회하다 돌아왔다. 그러다 하루는 콜롬버스 동상을 등지고 오른쪽에는 뭐가 있을까 하며 걸어가보니, 그곳이 우리가 그토록 찾아 헤맸던 포트벨이었다. 둘 다 '어떻게 이럴 수 있지?' 하며 헛웃음을 삼킬 수밖에 없었다.

포트벨 앞 잔디밭과 항구 쪽은 이미 해 질 녘의 바다를 바라보며 잠시 주어진 여유를 즐기는 사람으로 가득했다. 우리도 항구 근처에 자리를 잡고 아무 말 없이 하늘과 바다를 바라보았다.

고단한 하루를 보낸 우리를 위로하듯 건넨 포트벨의 선물은 너무나 감동적이었다. 한낮의 뜨거운 열기를 식히며 조금씩 선선한 기운이 감돌아 미지근해지는 기온마저 낭만적이었던 그곳에서의 시간이 지금도 아련하게 느껴진다.

day 8

100   **Spain**
            Barcelona

day
9

초대 받은 날

낯선 곳에서 경험하는 시장은 그곳만의 정서가 듬뿍 담겨 있어 놓치면 서운하다. 바르셀로나에 있는 보케리아 시장은 서유럽 최대 규모를 자랑하는 전통시장으로, 한마디로 없는 거 빼고 다 있다.

day 9

보케리아 시장의 입구에 다다르자 이곳이 시장인지, 관광객들의 집합소인지 알 수 없을 만큼 어수선했다. 따라서 이곳에서는 절대 소매치기를 조심해야 한다는 사실! 또 물건값도 다른 시장보다 비싼 편이라 현지인들은 잘 안 간다고 한다. 그래도 우리는 관광객 아닌가? 신선한 제품과 독특한 식자재를 한꺼번에 볼 수 있어 한 번은 방문해볼 만하다. 보케리아 시장에는 곳곳에 타파스 가게가 있어 길거리 음식을 즐기기에 좋다.

시장 앞쪽은 정신을 쏙 빼놓을 만큼 복잡하니 가급적 뒷길로 들어가 후문을 이용하는 것을 권한다. 아무래도 시장 앞쪽보다는 뒤쪽이 가격대가 저렴한데, 독특한 식자재를 판매하는 곳이 있다. 모렐 버섯, 주키니 꽃, 각종 허브를 비롯한 식용 꽃, 박스째 담겨 있는 트러플 등 보기만 해도 기분이 좋아지는 온갖 식재료가 있어 가끔 찾아가곤 했다.

이런 식재료를 보면, 요리를 하고 싶다는 의지가 불끈 솟는다. 나는 좋아하는 사람들과 함께 스테이크를 노릇하게 구워 신선한 트러플 향이 가득한 소스를 곁들여 먹고 싶다는 생각을 했다.

보케리아 마켓 Boqueria Market
Add Rambla, 91 08002 Barcelona
Open mon~fri 08:00~20:30, sat&holiday 08:00~20:30, sun off

Spain
Barcelona

눈과 입이 즐거운 디저트라면, 파스텔레리아 에스크리바 Pasteleria Escriba는 어떨까. 람블라스 거리를 걷다 보면 아름다운 타일 장식에 걸음을 멈추고 넋을 잃고 바라볼 때가 많다. 이곳 역시 타일이 아름다운 디저트 가게로 1906년에 문을 열었다고 하니 100살이 훌쩍 넘었다.
입구에 카사 피게라스 Casa Figueras라고 쓰여 있는데, 1842년 파스타 장사를 하던 피게라스 가문의 집이었기 때문이다. 1986년 에스크리바 가문에서 이곳을 인수했다고 한다. 이곳 케이크는 구두, 아보카도, 통조림 등 어디서도 볼 수 없는 독특한 모양으로 인기가 있는데, 워낙 종류가 다양해 먹는 재미가 있다.

파스텔레리아 에스크리바 Pastisseria Escribà
Add Rambla de les Flors, 83, 08024 Barcelona,
Open mon~sun 09:00~21:00
Instagram @escriba1906

day 9

104 Spain Barcelona

day 9

조촐하지만, 좋은 사람들과 함께하는 흥겨운 파티는 여행지에서의 추억을 풍성하게 만든다. 프랑스, 일본, 미국 친구 셋과 우리 둘이 파티의 주인공이다. 람블라스 거리를 지나 비좁은 계단을 올라가니 우리를 초대한 집이 보였다. 우리는 너나 할 것 없이 카바와 상글리아를 마시며 파에야를 만들기 시작했다.
마돈나의 노래가 흘러나오고(프랑스인들은 왜 마돈나를 좋아할까? 내가 아는 대부분의 프랑스인이 마돈나를 좋아한다) 창문 옆에는 바질 등의 허브가 햇살을 받아 반짝이고 있었다. 더구나 술을 즐기거나 술집에도 잘 안 가는 두 사람이 여기 있다는 것도 아이러니했다.
파에야 만드는 법을 알려준다는 말에 따라왔는데, 신나게 파티를 즐기는 사람들 사이에서 우리는 뻘쭘하게 와인만 홀짝거렸다. 뭔가 언밸런스했지만, 다시는 경험할 수 없는 나름 유쾌한 시간이었다.

Spain
Barcelona

집주인은 친절한 설명과 함께 그동안 우리가 전혀 알지 못했던 방법으로 파에야를 만들기 시작했다. 재료는 간단하지만, 여기에 중요한 공식이 있다. 첫 번째 신선한 재료를 사용할 것. 두 번째, 세 번째도 신선한 재료가 키워드다. 신선한 재료에 스페인산 올리브유만 들어가면 별다른 스킬 없이도 맛있는 파에야가 완성된다.

스페인에서 먹었던 것 중에서 엄지 척할 만큼 최고의 파에야였다. 집에서 만든 음식은 뭐든 맛있듯, 현지인 친구가 만든 파에야를 먹으며 보낸 시간은 여행의 또 다른 묘미였다. 여럿이 둘러앉아 식사를 하며 끝없이 이어진 수다와 웃음소리. 일상이 여행인 것처럼, 여행이 일상인 것처럼 다가왔다.

day 9

108 Spain
    Barcelona

day 10

병원 건물마저
아름다운
바르셀로나

하우메 Jaume역은 고딕 지구로 가려면 이용할 수밖에 없다.
지하철에서 올라오면 바로 오른쪽에 예쁜 과자들의 유혹을
매몰차게 뿌리치기 힘든 오래된 제과점이 있다.

day 10

본 벤트 Bon Vent
Add Carrer de l'Argenteria, 41,
08003 Barcelona
Open mon~fri 10:00-20:30
sat 10:00-21:00
Instagram @bonventbarcelona

횡단보도를 건너 좁은 길을 지나 큰길로 들어서면 골목 저 끝에 아름다운 산타마리아 델 마르 성당이 나온다. 성당으로 가는 길 왼쪽에는 짚으로 현관을 꾸민 독특한 편집숍 본 벤트 Bon Vent가 있다. 다양한 소재와 컬러의 조명, 유리 그릇, 패브릭, 의류, 나귀사 샌들 등 여자라면 이렇게 아기자기한 물건을 외면하고 그냥 지나치기란 쉽지 않다. 하지만 여행이 끝날 즈음 쇼핑하기로 마음먹었기에 이곳에 올 때마다 눈만 호사를 누렸다.

Spain
Barcelona

병원 하면 차갑고 무서운 이미지가 먼저 떠오른다. 병원에서 나는 특유의 냄새뿐만 아니라 설명하기 힘든 우울함이 배어 있는 분위기랄까. 그래서 자신도 모르게 긴장하기 마련이다. 아름답다는 것과 병원은 절대 어울릴 수 없는 조합이 분명한데, 산파우 병원을 보는 순간 '이런 생각도 편견이었구나' 하고 웃었다.

바르셀로나는 가우디로 모든 것이 통하지만, 가우디만큼 명성이 자자한 건축가가 또 있다. 아름다운 카탈루니아 음악당과 산파우 병원을 지은 루이스 도메네크 이 몬타네르다.

병원은 아름다운 꽃 등의 자연을 모티브로 한 갖가지 화려한 타일과 조각으로 내부를 꾸몄는데, 곳곳에 있는 창을 통해 자연을 실내로 불러들여 조화를 이룬 것을 볼 수 있다. 지금의 바르셀로나를 있게 한 유명 건축가의 건물을 맘껏 감상할 수 있다는 사실만으로도 감사한 시간이었다.

day 10

Spain
Barcelona

day 10

Spain
Barcelona

가벼운 타파스에 질렸다면 한 번쯤 가보면 어떨까. 외관은 밋밋하지만, 통로로 쑥 들어가면 기다란 바 테이블이 나온다. 그곳에 앉아 셰프들이 다이내믹하고 리드미컬하게 음식 만드는 모습을 보고 있으면, 왠지 좋은 기운이 넘쳐난다. 이런 모습을 볼 때면 다시 주방으로 들어가 음식을 만들고 싶기도 하다.
바에 앉아 있으면 해군 복장을 한 종업원이 친절한 눈웃음을 건넨다. 우리는 카바 한 잔과 상그리아 한 잔, 가벼운 요리와 무거운 요리를 하나씩 시키고 가볍게 목을 축였다. 주변의 왁자지껄한 풍경과 달그락거리는 주방 그리고 비현실적인 우리 두 사람이 빚어내는 풍경. 맛있는 음식과 달달한 술 한잔에 몸도 마음도 노곤해진다. 바르셀로나에서 워낙 인기 있는 곳이라 예약은 필수일 듯. 우리는 예약을 하지 않은 관계로 바에 앉아 40분 정도 기다린 후 식사를 할 수 있었다.

카녜테 Cañete
Add Carrer de la Unió, 17, 08001 Barcelona
Open mon~sat 13:00~24:00
Instagram @bar_canete
http://barcanete.com

day 10

116 Spain
    Barcelona

day 11
현재와 과거를
넘나드는
시간 여행

바르셀로나는 분명 매력적인 도시다. 그 이유가 뭘까? 도시를 이루는 여러 구역이 각기 고유의 색깔을 잘 담아내고 있으며, 또 이상적으로 조합되어 있기 때문이 아닐까. 일례로 고딕 지구를 둘러보면 현재와 과거를 넘나드는 시간 여행을 하는 기분이다. 12세기에 지어진 건물과 좁은 거리를 걷다 보면 예술적인 감흥은 물론이거니와 지금까지 잘 보존되어 있다는 사실에 놀람을 금치 못한다. 고딕 지구는 건물과 건물 사이를 볼 때마다 끊임없이 감탄하게 만드는 매력이 있다.

day 11

고딕 지구는 바르셀로나 대성당 앞의 노바 광장 Plaça Nova에서 시작한다. 한쪽에는 고딕 지구에서 가장 오래된 바르셀로나 대성당이 있으며, 광장을 중심으로 앤티크 마켓이 열린다. 그리 크지 않지만 슬쩍 둘러보기 좋다. 성당 반대편의 카탈루니아 건축가협회 건물에는 축제를 즐기는 사람들이 그려져 있다. 사전에 정보가 없으면 모르고 지나치기 쉬운 피카소의 '깃발의 프리즈'라는 벽화다. 바르셀로나는 일상 곳곳에 예술이 녹아 있다. 매일 길가에서 마주치는 카이사 은행의 로고도, 람블라스 거리에 있는 카르푸를 가기 위해 지나는 거리에도 호안 미로의 작품이 있으니 말이다.
일요일에는 노바 광장에서 정오부터 오후 2시까지 피카소가 그린 벽화에 나오는 카탈루니아 전통춤인 사르다나를 추는 사람들을 볼 수 있다. 이곳에서는 광장이 무대가 되는 기이한 경험이 가능하다.

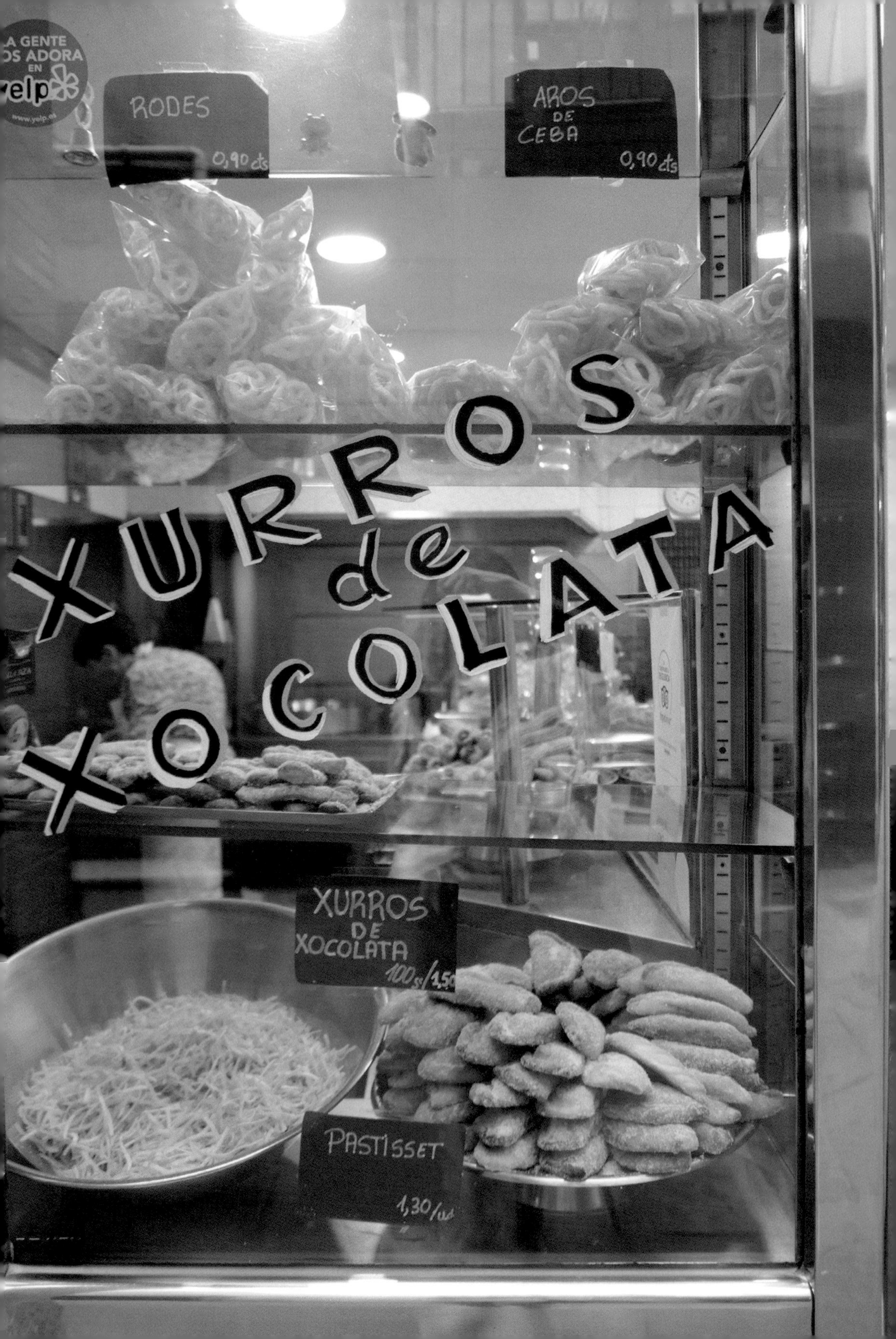

LA GENTE
OS ADORA
EN
yelp
RODES
0,90 cts
AROS
DE
CEBA
0,90 cts
XURROS
de
XOCOLATA
XURROS
DE
XOCOLATA
100 g/1,50
PASTISSET
1,30/ud

day 11

고딕 지구를 산책할 때는 한 가지 주의해야 한다. 자신도 모르게 고소하고 바삭한 냄새에 이끌리기 때문이다. 달달한 초콜릿에 푹 찍어 먹는 갓 튀겨낸 추로스는 우리를 무지하게 달콤한 세계로 인도한다.

수레리아 마누엘 산 로만 Xurreria Manuel San Román
Add Carrer dels Banys Nous, 8, 08002 Barcelona
Open mon~sat 07:00~13:30, 15:30~20:15, sun 07:00~13:30, 16:30~20:30

Spain
Barcelona

Puffy Pastry Filled with Angel's Hair
귀여운 디저트 이름처럼 아기자기하고 달콤한 사탕과 초콜릿, 디저트가 넘쳐나는 이곳은 가톨릭 수녀들이 직접 디저트를 만들어 파는 카엘룸 Caelum이다. 고딕 지구를 걷다 기운이 빠질 즈음, 교차길에서 짠! 하고 나타나는 달콤한 디저트 가게다. 작은 테이블들이 바싹 붙어 있고, 지하로 내려가면 작은 성당에 온 듯 성스러운 분위기가 감돈다. 한쪽에는 스페인 전역의 성당에서 온 갖가지 사탕, 잼 등이 앙증맞은 용기에 담겨 있어 선물 아이템으로 좋다.
바르셀로나에는 생각보다 디저트 가게가 많지 않은 편이다. 초콜릿과 케이크로 유명한 BUBO 외에는 찾아가는 수고를 할 만한 디저트 가게를 발견하지 못하던 차에 우연히 이곳이 눈에 띄었다. 그래서 더욱 반가웠다.

day 11

카엘룸 Caelum
Add Carrer de la Palla, 8, 08002 Barcelona
Open mon~sun 10:00~20:30
Instagram @caelumbcn

day 11

스페인은 세계적으로 신발이 유명하다. 바르셀로나의 신발 가게에는 굽이 짚으로 장식된 에스파드류가 국민 신발처럼 당당하게 자리 잡고 있다. 이 신발 매장 말고도 근처에 비슷한 곳이 두세 군데 더 있지만, 1941년에 오픈한 유서 깊은 이곳이 아무래도 인기 있다. 가게에서는 직접 신발을 만드는 장인들을 볼 수 있으며, 천연 재료로 만든 가방과 수많은 신발이 무심하게 쌓여 있다. 곳곳에 한글 설명이 있어, 그들의 친절한 배려에 살짝 감동하기도 한다.

라 마누알 알파르가테라 La Manual Alpargatera
Add Carrer d'Avinyó, 7, 08002 Barcelona
Open mon~sat 09:45~13:30, 16:30~20:00
Instagram @lamanualalpargatera

Spain
Barcelona

한 남자가 파란색 티셔츠를 입고 기타를 치며 노래를 부르고 있다. 가사를 알아듣지는 못해도 노랫소리가 자꾸만 구슬프다. 고딕 지구에는 많은 이야기가 전해지지만, 그중에서도 가장 슬픈 이야기는 이 광장과 얽혀 있다. 스페인 내전 당시, 프랑코 장군의 반정부군이 42명의 민간인을 학살한 현장이기 때문이다. 벽에는 지금도 총 자국이 선명하게 남아 있다. 42명 중에는 20명 정도의 어린이도 포함되어 있었다고 한다. 총 자국이 선명한 벽 위로 지금도 초등학교가 있으며, 어린 학생들의 웃음소리가 청아하게 들려온다. 초등학교 옆에는 성당이 있는데, 가우디가 살아생전 매일 미사를 드렸던 곳이다. 산 필립 네리 광장 Placa de Sant Felip Neri은 가우디가 가장 좋아했던 광장으로, 그는 성당에서 미사를 보고 돌아가던 중 노면전차에 치여 사망했다.

산 필립 네리 광장 **Plaça de Sant Felip Neri**
Add Plaça de Sant Felip Neri, 2, 08002 Barcelona

Spain
Barcelona

day 11

사바테르 노스 Sabater Hnos
Add Plaça de Sant Felip Neri, 1,
08002 Barcelona
Open mon~sun 10:30~21:00
Instagram @sabaterhnos

산 필립 네리 광장에서 나오면 바로 오른쪽에 천연 비누 가게인 사바테르 노스 Sabater Hnos가 있다. 인공이 가미되지 않은 천연 향이 진하게 풍기는 이곳을 모른 체하고 지나치기란 쉽지 않다. 마땅한 선물 아이템이 찾지 못했다면, 천연 비누를 추천한다. 누구나 매일 써야 하고, 호불호가 갈리지 않는 무난한 선물일 테니까.

Spain
Barcelona

day 12

시체스의 뜨거운 자유

'바르셀로나에서 한 달 살아보기'를 준비하면서 한 달이 너무 길지 않을까 하는 소심한 고민도 했다. 남부로 가야 하나 살짝 갈등했지만, 바르셀로나에서 주말에 한두 시간 내로 갈 수 있는 곳을 리스트 업하면서 온갖 기대에 부풀었다. 2박3일 정도 산세바스티안 San Sebastian에 가서 맛있는 음식을 먹어볼 궁리도 했다. 로카 형제가 있는 지로나 Girona에도 다녀오고 싶었다. 살바르도 달리가 태어난 피게라스 Figueras도 빼놓을 수 없고, 앙리 마티스가 살았던 콜리우르 Collioure라는 프랑스의 작은 도시도 가보고 싶었다. 일단 바르셀로나에 가서 세세한 일정을 결정하기로 했지만, 결국 시체스만 두 번 다녀왔다.

day 12

시체스 Sitges

바르셀로나에서 남서쪽으로 35km 떨어진 곳에 위치한다. 버스와 기차를 타고 갈 수 있으며, 우리는 파세이그 데 그라시아 Passeige de Gracia역에서 고속 철도 렌페를 탔다. 시체스로 가는 열차 방향을 잘 확인하고, 왼쪽에 앉으면 창밖으로 아름다운 지중해를 바라볼 수 있다. 기차 왕복요금은 8.4유로이며, 돌아오는 기차 시간도 미리 확인하는 게 좋다. 시체스가 종착역이 아니라서 잘 확인하고 내려야 한다.

Spain
Barcelona

바르셀로나를 어느 정도 둘러보고 잠시 여유를 찾았을 즈음, 우리는 시체스로 떠났다. 숙소 앞에 있는 파세이그 데 그라시아역에서 렌페를 타고 창문 밖으로 펼쳐지는 작은 해변을 지나자 시체스에 도착했다. 어디로 가야 할지 지도를 보지 않아도 기차역에서 내리자마자 골목을 걷다 보니 바다가 우리를 맞았다.

하루 종일 시체스에서 머물 예정이라 샌드위치와 과일, 물, 잡지를 산 뒤 파라솔과 의자를 빌려 조금 한적해 보이는 해변에 자리를 잡았다. 휴양지로 유명하다 보니 휴가 온 사람들로 해변은 북적였다. 보가텔에서 해변 즐기기를 실패한 경험이 있어 이번에는 단단히 준비했다. 우리도 옷 안에 수영복을 입어 언제라도 바다에 뛰어들 수 있었다. 물기를 닦을 큰 타월은 물론 선크림과 혹시 몰라 화상 연고도 준비했다. 여전히 뜨거운 햇살을 당당히 즐길 용기는 없었지만, 처음보다는 마음의 여유가 좀 더 생겼다.

day 12

Spain
Barcelona

day 12

시체스는 뜨거운 햇살만큼이나 여유롭고 자유로웠다. 누드 비치와 동성애자들의 비치도 있으며, 바로 눈앞에서 수영복을 벗어 던져도 혹은 자유로이 애정 표현을 해도 더 이상 당황하지 않았다. 사람들의 이야기 소리, 파도 소리, 아이들이 공놀이하는 소리, 아이스박스를 들고 다니며 음료를 파는 소리까지 모든 것이 어우러져 노래처럼 들려왔다. 햇살과 주변 풍경이 만들어내는 소리에 마음이 차분하게 가라앉았다.

시체스는 한 번만 방문하기에는 너무나 아름다웠다. 바르셀로나에서 한 시간도 안 되는 곳에 이처럼 멋진 해변이 있다는 사실만으로도 바르셀로나를 좋아할 수밖에 없는 이유가 하나 더 추가된 셈이다.

134 Spain
     Barcelona

day
13   낯선 주말의
         여유

시간이 느릿하게 흘러간다.
그럼에도 벌써 두 번째 일요일이다.
모두가 쉬는 일요일에는 우리도 한 템포 늦추게 된다.
레스토랑을 운영할 때부터 주말이 가장 바빴기에
이렇게 아무것도 안 하는 게 낯설다.
하지만 작은 용기를 내서 아무것도 안 하는 일요일을 즐겨본다.

136

Spain
Barcelona

비스트로트 레반테 Bistrot Levante

Add Placeta de Manuel Ribé, 1, 08002 Barcelona
Open mon 18:00~00:00, tue off,
wed~sun 11:30~15:30, 19:30~23:00
Instagram @bistrotlevante
www.bistrolevante.com

고딕 지구를 걷다 보면 늘 마주하는 골목이 있다.
동양적인 티숍과 세련된 인테리어의 비스트로 사이에 있는 골목으로
항상 많은 사람들로 북적였다.
유리창 너머로 슬쩍 곁눈질하면서 꼭 한 번 가봐야 했던 비스트로.
여유롭게 웃으면서 식사하는 사람들을 보고 있으려니,
얼마나 맛있을까 하는 상상을 해본다.

day 13

어떤 골목을, 어떤 거리를 걸어도
바르셀로나는 높고 푸른 나무와
따스한 햇살로 가득하다.
우리가 이곳을 사랑하는 이유다.

140   Spain
Barcelona

해양 박물관에는 시원하게 뚫린 높은 천장이 매력적인 카페가 있다. 평일보다 사람이 많지 않아 느긋하게 코르타도와 바게트를 먹는다.

노라이 라발 Norai Raval

Add Av. de les Drassanes, 1, 08001 Barcelona
Open mon~fri 09:00~20:00, sat&sun 10:00~20:00

day 13

바르셀로나 해양 박물관 Museu Marítim de Barcelona
Open mon~sun 10:00~20:00, sun 15:00 이후 무료
Add Av. de les Drassanes(unnumbered) 08001 Barcelona
Instagram @MuseuMaritim
www.mmb.cat

Spain
Barcelona

day 13

일요일에는 해양 박물관 근처에서 플리마켓이 열린다.
마음이 급해 너무 일찍 도착했나.
사람들이 플리마켓을 준비하느라 한창이다.

외국에서 즐기는 플리마켓
파리의 빈티지 시장에 비하면 규모는 작지만, 구경하는 것만으로도 흥미진진하다. 보는 것마다 전부 사고 싶지만, 짐을 늘리지 말자는 룰에 따라 블루 컬러 팔찌를 딱 하나만 샀다. 인스타그램(@fleamarketbcn)에서 플리마켓이 열리는 날짜 등을 확인하고 가면 좋다.

팔로 알토 마켓 Palo Alto Market
바르셀로나에 가면서 가장 기대했던 마켓이다. 옛 섬유공장 터에서 열리는 인기 있는 마켓으로 푸드 트럭, 음악 공연, 디자이너의 작품이 동시에 펼쳐진다. 4유로(인터넷에서는 3유로에 구매)의 티켓을 구입해야 하지만 사진으로 본 팔로 알토 마켓은 우리의 마음을 순식간에 사로잡았다. 매달 첫 번째 주말에 열린다는 정보를 듣고 가려 했지만, 안타깝게도 8월은 쉰다고. 도심에서 조금 떨어져 있지만, 주말을 특별하게 즐기는 방법이 분명하다.
Instagram @palomarketfest

발루아르드 Baluard
호텔 프락티크 베이커리에서 운영하는 테이크아웃 전문 빵집이다.
호텔에서 5분 거리에 위치해 있다.
Add Carrer de Pau Claris, 188, 08037 Barcelona
Open mon~sat 08:00~21:00, sun 08:00~14:30

day 13

우리는 바르셀로나에서 늘 살짝 취해 있었고, 배가 부른 상태로 걸어다녔다.
그토록 많이 걸었던 이유도 맛있는 음식이 너무 많았기 때문인지도 모르겠다.
그래서 주말에는 가벼운 샐러드와 샌드위치로 끼니를 대신할 때도 많았다.

마트, 빵집, 직접 만들어보는 등 다양한 샐러드를 먹어봤지만,
발루아르드 Baluard 샐러드가 가격대비 양도 많고, 신선하고, 맛있다.
샐러드가 먹고 싶을 때는 이곳에서 테이크아웃을 했다.

Spain
Barcelona

day 14

하나의 작품 같은 호안 미로 미술관

호안 미로 Joan Miró는 피카소, 살바도르 달리와 함께 스페인을 대표하는 화가다. 특히 바르셀로나 사람들한테는 카탈루니아의 대표 작가로 유명하다. 바르셀로나 곳곳에서 호안 미로의 작품을 볼 수 있는데, 공항 벽화나 람블라스 거리 광장의 그림을 비롯해 카이사 은행의 로고가 그의 작품이다. 호안 미로는 점과 선 그리고 면으로 이루어진 추상적인 작품을 많이 그려서 야수파나 추상화가로 불리기도 한다.

day 14

# day 14

148

Spain
Barcelona

day 14

호안 미로 미술관은 그의 친구인 조세프 루이스 세르트 Josep Lluis Sert에게 의뢰해 만들었는데, 카탈루니아의 고딕 양식이 고스란히 담겨 있다. 외벽을 흰색으로 칠해 자칫 차갑게 느껴질 수도 있지만, 곡선을 사용해 따스한 인상이다. 미술관에는 호안 미로의 작품을 전시하는 한편, 상설 전시관이 있다. 작품을 관람하다 투명한 문을 열고 나가면 탁 트인 바르셀로나의 전경을 감상할 수 있다.

햇살에 반사된 물빛과 빨간 벤치의 대비로 때로는 영화 〈유스 Youth〉의 한 장면을 보는 듯하다. 위층으로 올라가 문을 열고 나가면, 조형 작품들이 건물과 함께 자연스럽게 어우러져 마치 이 모든 게 작품처럼 다가온다. 미술관을 하나도 빠짐없이 다 보고 나면 허기가 밀려온다. 우리는 카페테리아의 에메랄드빛 테이블에 앉아 프로슈토가 들어간 샌드위치와 스페인 맥주 클라라를 먹으며 미술관에서의 여운을 잠시 되새겼다.

호안 미로 미술관 Fundació Joan Miró
Add Av. Miramar 71, Montjuic (푸니쿨라 파르크 데 몬주익 Funucular Parc de Montjuic역에서 걸어서 1분, 에스파니아 광장에서 55번이나 150번을 타고 호안 미로 미술관에서 하차해 걸어서 5분)
Open 11월~3월 tue~sat 10:00~18:00 sun10:00~15:00
　　　　4월~10월 tue~sat 10:00~20:00 sun 10:00~18:00
Instagram @fundaciomiro

150 Spain
Barcelona

day 14

152

Spain
Barcelona

day 14

호안 미로 미술관에서 푸니쿨라 파르크 데 몬주익역까지의 짧은 산책은 언제나 우리를 행복하게 만들었다. 8월이지만 길가에 꽃이 화사하게 피어 있고, 나무 그늘은 한여름이라는 게 믿겨지지 않을 만큼 서늘했다. 뜨거운 햇살을 피해 꽃을 바라보며 걷는 거리는 무척 서정적이었다.

154

Spain
Barcelona

day 14

day 14

몬주익 언덕 근처에 있는 호텔 브루멜 Hotel Brummell은 모던한 부티크 호텔이다. 우리는 계획적인 사람들이 아닌지라, 늘 가고 싶은 호텔은 예약이 불가능했다. 하지만 이곳만큼은 정말 가보고 싶어 미리 예약을 해두었다.

조그만 문을 열고 들어서자 블랙 톤의 벽과 갖가지 식물 그리고 모노톤의 장식물이 눈에 들어왔다. 마침 전시가 열리고 있는 바르셀로나 작가들의 화려한 일러스트를 보니 '여기가 진정 바르셀로나구나' 하는 감흥이 느껴졌다. 친절한 직원을 비롯해 모든 것이 예상했던 그대로였다. 이 호텔에서는 체크인을 하면 몬주익과 호텔 근처의 지도를 주는데, 가이드북이나 블로그에는 나오지 않을 법한 장소가 자세히 표시되어 있다.

우리가 머물 때는 휴가 기간이라 문을 닫은 곳도 있었지만, 그럼에도 보물 지도나 다름없었다. 우리는 비쉬 카탈란 한 병을 사서 룸으로 왔다. 오묘한 청록색 룸은 한번 들어오면 밖에 나가기 싫을 만큼 신비로웠고, 우리는 금세 이곳과 사랑에 빠졌다. 문을 열고 밖으로 나가니 상상 이상의 장면이 펼쳐졌다. 눈부시게 찬란한 햇살은 말할 것도 없고, 마주 보이는 테라스에 앉아 졸고 계신 할아버지, 빨래를 널고 있는 아주머니, 한 손에 맥주를 들고 수다를 떨고 있는 친구들, 수영장에서 놀고 있는 아이들, 책을 읽고 있는 가족 모두 친근하게 다가왔.

건물마다 색다르게 꾸민 집과 그 사이에 앉아 가만히 눈을 감아본다. 햇살 때문인지, 노곤했던 탓인지 스르르 눈꺼풀이 감긴다. 이 순간이 너무나 평화롭다. 딴 세상에 온 것마냥 아무런 생각도 하지 않고, 온전히 이 여유를 소유하는 기분이란.

호텔 브루멜 Hotel Brummell
Add Carrer Nou de la Rambla 174 08004 Barcelona
Instagram @hotelbrummell

Spain
Barcelona

day 14

160

Spain
Barcelona

호텔 브루멜은 일반 관광지에서 조금 떨어져 있다. 호텔 위쪽에는 호안 미로 미술관이 있으며, 아래쪽으로 100m 정도만 걸어 왼쪽으로 돌면 양쪽으로 1유로짜리 핀초스가 즐비한 블라이 거리 Carrer de Blai다. 유리창 너머로 핀초스가 가득하고 뷔페처럼 취향에 따라 골라 먹는 재미가 있다.

근처에는 키메트&키메트 Quimet&Quimet처럼 유명한 타파스 바도 많다. 블라이 거리에서 조금 더 내려와 큰길을 건너면 페데랄 카페 Federal Café처럼 커피와 브런치가 유명한 카페가 사이좋게 모여 있다

블라이 거리의 주요 카페

블라이 **Blai 9**
Add Carrer de Blai, 9, 08004 Barcelona

라 타스케타 데 블라이 **La Tasqueta de Blai**
Add Carrer de Blai, 17, 08004 Barcelona

키메트&키메트 **Quimet&Quimet**
Add Carrer del Poeta Cabanyes, 25, 08004 Barcelona

day 14

페데랄 카페 거리의 추천 카페

페데랄 카페 Federal Café
Add Carrer del Parlament, 39, 08015 Barcelona
Instagram @thefederalcafe

카페 코메타 Café Cometa
Add Carrer del Parlament, 20, 08015 Barcelona
Instagram @cafecometa

타라나 카페 Tarannà Café
Add Carrer de Viladomat, 23, 08015 Barcelona
Instagram @tarannacafe

Spain
Barcelona

day 15

브루멜에서의
아침

브루멜에서의 첫날 아침, 우리는 창가로 들어오는 햇살과 위층에서 우당탕탕 아이들이 내려오는 소리에 놀라 일어났다. 아침 9시가 되자 수영장을 찾은 사람들이 보였다. 저들이 빠져나가면 수영을 해야지 하면서, 먼저 아침을 먹기 위해 카페로 갔다. 이곳은 조식을 미리 주문하지 않고, 그냥 내려가서 방 호수를 말하고 주문하면 된다.
늘 그래왔듯 오늘도 커피와 크루아상을 먹었다. 행복하게 먹고 2만 보를 걸으면 되지, 뭐! 오늘도 햇살이 빛났고 호텔에서 나오는 음악에 몸과 마음이 흔들린다.

day 15

이 호텔에서는 조식을 먹고 룸으로 가면 문 사이로 작은 페이퍼를 끼워놓는다. 호텔에서 매일 아침 투숙객을 위해 추천하는 장소, 미술관, 음식점 3곳이 적혀 있는 일종의 정보지다. 오늘은 호안 미로 미술관과 엘 소르티도르 El Sortidor 레스토랑, 포블레 섹 Poble Sec 근처의 서점이다. 이 종이만 모아도 나만의 가이드북이 완성되지 않을까. 내일은 어떤 장소를 추천할지 궁금해진다.

Spain
Barcelona

오늘은 호텔 근처만 어슬렁거리기로 해서 나른한 오후를 보냈다. 하루도 쉬지 않고 걸었더니 살짝 지치는 듯했다. 서울에서 가져온 요리책과 몇 번을 읽어도 좋은 박상미 작가의 《나의 사적인 도시》를 햇살 아래 누워 읽었다. 과연 나만의 사적인 도시는 어디일지 생각해봤다.
나에게 짐으로 남아 있는 파리가 애증의 도시라면, 바르셀로나는? 쨍쨍한 햇살과 그 햇살에 그을린 그들의 미소가 정겹다. 또 바르셀로나만의 찬란한 원색들의 잔치는 나를 더 특별한 사람으로 만들고, 행복하게 만든다. 그렇다면 바르셀로나는 나의 사적인 도시일까?
'어차피 모든 일은 지독히 사적인 것에서 비롯하니까' 하는 구절이 눈에 들어왔다. 내가 바르셀로나를 특별하다고 느끼는 순간, 지극히 사적인 나의 도시가 되는 것이다. 이곳에서의 얼마 남지 않은 시간이 아쉽게 흘러가고 있다. 누가 바르셀로나를 3일이면 끝낼 수 있다고 했는가? 절대 동의할 수 없다. 벤치에 누워 있는 나는 바르셀로나의 햇살을 오롯이 내 것으로 만들고 있었다.

day 15

Spain
Barcelona

오늘은 호텔에서 추천한 엘 소르티도르에서의 만찬을 즐기기로 했다.
호텔에서 타파스 거리를 지나 조금만 걸어가면 공원이 나온다. 그 사이에 아주 오래된 식당이 있는데, 엘 소르티도르다. 목조 창문과 가게문만 봐도 한눈에 유서 깊은 전통이 느껴진다. 12시 반경에 도착하니 우리가 첫 손님이었다(스페인에서는 점심시간이 조금 늦다. 보통 오후 1시나 2시부터 시작한다).
가게에 들어서자 1900년대로 돌아간 듯 모든 것이 영화에서 봄 직한 느낌이다. 천장에 달려 있는 나무 선풍기부터 이곳의 지나온 시간과 역사를 보여주는 사진 그리고 창문의 스테인드글라스까지 예스러운 모습이 고스란히 남아 있다. 곳곳의 빈티지한 물건으로 자칫 무거워질 수 있는 분위기가 에메랄드색 덕분에 산뜻하다. 틴토 데 베라노 Tinto de Verano와 판 콘 데 토마토, 가지 안을 고기로 채운 요리, 정어리 오일절임과 파에야를 주문했다.
아침에 수영을 했기 때문일까, 우리는 아무 말 없이 음식을 싹싹 먹어치웠다. 가지 요리는 독특하게 꿀을 부렸는데, 고기의 짭조름한 맛과 달콤한 꿀이 환상적인 조합을 보여줬다. 속 재료는 많지 않았지만, 해산물 육수에서 느껴지는 깊은 맛과 닭고기의 고소함이 잘 어우러진 파에야는 지금도 그 맛을 잊을 수 없다. 다시 바르셀로나에 간다면 가장 먼저 이곳으로 달려가리라.

엘 소르티도르 El Sortidor
Add Placa del Sortidor 5, 08004 Barcelona(가까운 역 포블레 섹)
Open mon 13:00~16:30, tue~thu 13:00~23:00, fri 13:00~24:00,
sat 12:30~24:00, sun 12:30~23:00
Instagram @elsortidor

day 15

168

Spain
Barcelona

브루멜에서 바라보는 해 질 녘 풍경은 지금도 아련하다. 매일 아침 커피와 빵을 먹듯 우리는 매일 멍하니 앉아 해 지는 하늘을 바라봤다. 그러고 나서 마트에 가서 한국에서는 잘 먹지 않았던 맛있는 토마토와 크래커, 햄 그리고 캔 맥주를 사왔다. 아무 말 없이 붉게 물드는 하늘을 보고 있으면, 가슴이 먹먹해지면서 지금의 이곳이 비현실적으로 느껴졌다. 오늘은 괜히 집이 그리웠다. 모두 잘 있겠지? 다음에는 꼭 같이 올 수 있기를….

day 15

170 Spain
     Barcelona

day 16

자세히 봐야
예쁘다

자세히 봐야 예쁘다.
너도 그렇다.

day 16

어느 시 구절처럼 오늘 아침은 브루멜을 자세히 보고 또 봤다.
무심히 놓여 있는 문짝은 언제부터 저 자리를 지키고 있었을까? 누구도 알 수 없는 몬스테라나무와 야자수 그리고 도자기까지 모든 것이 원래부터 있었던 것처럼 색감이나 조형이 조화롭다.

day 16

오늘은 호텔 근처의 몬주익 공영수영장 Piscines Municipals Montjuic에 갔다. 여름이 절정을 이루는 7월부터 8월까지 개방한다. 이곳에서 보는 바르셀로나의 전경이 마치 한 폭의 그림 같아서 꼭 가보고 싶었다. 호텔에서 나와 오른쪽 계단으로 올라가면 언덕이 보이고, 그 언덕을 따라 올라가면 하이킹 코스가 나온다. 소심한 우리 둘은 "언덕으로 올라갈까? 아니면 다시 내려가서 지하철을 타고 올라갈까?" 하면서 티격태격하다 결국에는 언덕으로 올라가기로 했다.

새로운 상황에 놓일 때마다 어려운 수학 문제를 푸는 기분이다. 잔뜩 경계하고 긴장한 상태에서 가방을 움켜쥐고, 숲속을 도망치듯 뒤도 보지 않고 있는 힘껏 달렸다. 도로변에 다다르자 그제서야 숲을 헤치고 달려 나온 승리자 같은 얼굴로 웃을 수 있었다.

"수영장에 가는 게 이렇게 어려운 일인가?"

그 말에 웃다 보니 수영장에 도착해 있었다. 푸른빛의 수영장과 우리 눈앞에 펼쳐진 바르셀로나의 전경이 어제와 마찬가지로 비현실적으로 다가왔다. 문득 나도 모르게 '파란 나라를 보았니. 꿈과 사랑이 가득한 파란 나라를 보았니. 천사들이 사는 나라' 하는 노래를 흥얼거리고 있었다. 손이 벨 만큼 온통 파란 물속으로 풍덩 뛰어들고 싶었다.

Spain
Barcelona

day 16

day 16

몬주익 공영수영장 **Piscines Municipals Montjuic**
Add Avinguda Miramar, 31, 08038 Barcelona
Open 7월 초~9월 초 11:00(입장료 6.5유로)

178

Spain
Barcelona

파빌리온 알레마니 Pavelló Alemany
Add Francesc Ferrer I Guardia 7, 08038 Barcelona
Open 3월~10월 10:00~20:00, 11월~2월 10:00~18:00
Instagram @fundaciomies

day 16

수영장에서 나와 에스파니아 광장으로 내려와 걷다 보면 바르셀로나와 어울리지 않는 건물이 보인다. 도쿄의 도심에나 있을 법한 미니멀리즘한 건물로, 바르셀로나 파빌리온이다. 바르셀로나 파빌리온은 1929년에 열린 바르셀로나 국제박람회 때 독일 출신의 건축가 미스 반 데어 로헤 Mies van der Rohe가 독일관으로 설계했다. 박람회가 끝나자마자 철거됐지만, 파빌리온이 유럽 근대 건축의 결정체로 여겨지면서 1986년 같은 자리에 그대로 복원했다. 미스 반 데어 로헤의 건축 철학은 한마디로 'Less Is More'라 할 수 있는데, 미니멀리즘이 얼마나 아름다운지 알려주는 대표적인 건축가다. 바르셀로나 파빌리온은 건물의 외벽을 제외하고 7개의 벽과 8개의 크롬 기둥 그리고 평평한 지붕으로 이뤄져 미니멀리즘의 절제된 아름다움을 보여주고 있다.

건물 내부로 들어가면 빨간 벨벳 커튼과 대리석, 화강암으로 둘러싸인 벽과 마주한다. 이 건물을 관람하기 위해 들어온 사람들은 각자 자신의 시선에서 직선으로 이루어진 대리석 벽과 선명하게 결이 살아 있는 화강암 벽을 유심히 살펴보았다. 대리석과 화강암으로 이렇게 고급스럽고 세련되게 만들 수 있다는 사실이 놀라웠다. 유리문 밖으로 나가면 풀 Pool이 나온다. 반만 덮여 있는 지붕은 햇살과 그늘의 경계를 구분하는 듯했다. 햇살을 피하고 싶어 몸부림치는 여인의 모습이 보인다.

건물을 너무 자세히 들여다봤기 때문일까, 살짝 현기증이 났다. 관람이 끝날 즈음 잠시 쉴 수 있는 휴게 공간이 보였다. 햇살을 가려주는 대리석에 앉아 여전히 바닥과 벽을 뚫어지게 바라보고 있는 그들을 나는 또 바라보고 있었다.

180

Spain
Barcelona

카탈루니아의 유명 건축가 호셉 푸이그 이 카다팔크 Josep Puig I Cadafalch가 지은 카이사 포럼 Caixa Forum은 바르셀로나에 근거지를 두고 있는 금융그룹 라 카이사 La Caixa에서 운영하고 있는 전시관이다. 한때 섬유공장으로 사용되었던 건물을 리모델링해 지금은 미술 전시 등 복합 예술 공간으로 사용하고 있다.

카이사 포럼 바르셀로나 Caixa Forum Barcelona
Add AV.Ferrer i Guardia, 6-8, 08038 Barcelona
Open mon~sun 10:00~20:00
Instagram @caixa forum

day 16

182

Spain
Barcelona

온종일 전시장을 돌아다녔기 때문일까, 아무 생각 없이 물속으로 풍덩 들어갔다. 수심이 1m도 되지 않지만 내게는 적당한 깊이다. 한참을 어린아이처럼 정신없이 물놀이를 했다. 문득 물속에 비친 나의 손과 발을 보자 눈물이 쏟아질 것 같았다. 생각해보니, 한동안 가슴이 두근거리는 증세나 불안증을 느끼지 못했다.
서울에서는 매일 아침 정체를 알 수 없는 불안증과 조급증으로 힘들었다. 무슨 사고라도 날 것 같은 불안감으로 가슴이 두근거리고 심장이 조여지는 듯했다. 벌써 몇 년째 아침마다 심호흡을 하며, '아무 일도 일어나지 않을 거야. 다 잘될 거야' 하고 스스로를 다독였다. 그렇게 불쑥불쑥 찾아와 나를 힘들게 했던 친구가 인사도 없이 멀리 가버린 것이다. 언제 다시 돌아올지 모르지만, 지금은 말할 수 없이 편안하다.
바르셀로나의 햇살이 내게 "이제 그런 걱정은 하지 마. 한국에 돌아가면 모든 것이 잘될 거야." 하며 나를 위로했다. Gracias Barcelona(고마워 바르셀로나)!

day 16

184 Spain
Barcelona

day 17

바르셀로나에서의
세 번째 집

호텔 브루멜을 체크아웃하던 날, 호텔에서 흘러나오는 음악 때문인지 떠나는 발걸음이 무거웠다. 마지막으로 받은 관광 페이퍼와 어제 관람했던 미스 반 데어 로헤의 작품집을 들춰보며 커피와 빵 오 쇼콜라를 먹었다. 택시를 기다리면서 '아쉬움은 또 다른 시작이야' 하는 생각을 했다. 한국에 돌아와서도 한 달에 한 번씩 호텔 브루멜에서 선정한 뮤직 리스트 '브루멜 뮤직 Brumell Music'을 메일로 받고 있다. 오늘도 그 음악을 찾아 들으며 나의 마음은 브루멜 언저리를 배회한다.

day 17

Spain
Barcelona

세 번째 숙소 프락티크 람블라. 람블라스 거리에 있는 이 호텔은 카탈루니아 광장에서도 가깝고 교통이 좋다. 노란색 차양막으로 들어가 체크인을 한 뒤 호텔에서 준비한 수박 바를 먹으며 룸으로 갔다. 2년 전 그날도 그랬다. 똑같은 방을 안내 받고 똑같이 수박 바를 먹었는데, 지금은 옆에 남편이 아닌 동생이 있다는 사실만 다르다.

방에 들어선 순간 왠지 모르게 가슴이 뭉클해졌다. 이렇게 오랜 시간을 떨어져 있어본 적이 있던가? 가슴 깊은 곳에서 알 수 없는 감정이 뒤엉켜, 오늘은 남편한테 안부 전화라도 해야겠다는 생각이 들었다.

프락티크 람블라를 다녀간 많은 사람이 방이 작아서 불편했다고 한다. 우리는 디럭스더블 룸을 예약했고, 테라스로 나가니 람블라스 거리가 시원하게 펼쳐졌다. 의자에 기대어 람블라스 거리가 들려주는 이야기를 듣다 보니 시간 가는 줄도 몰랐다. 책과 클라라 한잔만 있으면, 완벽한 오후다.

호텔 프락티크 람블라 Hotel Praktik Rambla
프락티크 호텔에서 운영하고 있으며, 교통이 편리하고 주요 관광지로의 접근성이 좋다. 호텔을 나와 어느 골목으로 가도 맛있는 식당과 볼거리 많은 상점으로 가득하다.
Add Rambla de Catalunya 27, 08007 Barcelona
www.hotelpraktikrambla.com

day 17

Spain
Barcelona

프락티크 람블라 호텔에서 5분 정도 걸으면 사우다드 콘달 Ciudad Condal이라는 타파스 레스토랑이 있다. 한국에서 우리 스튜디오 학생이 강력 추천한 곳이다. 점심시간이 되자마자 사람이 너무 많아 대기 번호까지 써가며 기다렸다. '얼마나 맛있으면 이렇게까지?' 하는 생각을 하며 20분 정도 기다렸다.
자리에 앉자 클라라와 틴토 데 베라노를 한 잔씩 시키고 오늘은 어떤 파타타스 브라바스 Patatas Bravas가 나올지 기대했다. 파타타스 브라바스는 스페인어로 감자튀김을 말하는데, 가게마다 모두 맛이 다르다. 소스는 모든 가게가 거의 비슷한데, 주로 매콤한 아이올리 소스를 사용하는데, 이게 또 별미다. 직원은 그 자리에서 감자튀김과 달걀, 소스를 버무려주며 식기 전에 먹으라고 말했다.
역시 우리를 실망시키지 않는 맛이었다. 시원한 클라라 한잔과 매콤하고 고소한 파타타스 브라바스는 여전히 살과 전쟁 중인 나의 뇌와 위장을 무장 해제시켰다. 꿀 대구와 푸아그라 샌드위치도 너무 맛있었다. 푸아그라는 자칫 비린내가 심하게 날 수도 있는데, 매콤한 피망튀김을 곁들여서인지 담백하고 깔끔한 맛이었다. 생각해보면 우리가 바르셀로나에서 실패한 음식은 별로 없었다.
매콤하고 짠맛을 좋아하는 한국인의 입맛에도 잘 맞지만, 음식은 신선한 재료가 가장 중요하다. 삼면이 바다인 스페인은 특히 해산물이 발달했으며, 때로는 해산물과 고기를 섞기도 하는데, 그 맛이 일품이다. 한식에서는 생선과 고기의 조합은 상상도 할 수 없다. 내 생각에는 신선한 올리브유도 스페인 음식을 더욱 풍성하게 만드는 것 같다. 많이들 그리스 올리브를 최고로 치지만, 내 입맛에는 고소하고 달달한 맛이 느껴지는 스페인산 올리브유가 잘 맞는다. 하지만 모든 음식에서 절대 미각은 없다. 음식만큼은 철저히 각자의 취향이 명확하기 때문이다. 그럼에도 이 올리브유를 먹어볼 것을 추천하고 싶다.

사우다드 콘달 Ciudad Condal

Add Rambla de Catalunya, 1808007 Barcelona
Open mon-fri 08:00~01:30 sat~sun 09:00~01:30

day 17

첫 번째 숙소였던 카사 그라시아 앞에 있는 큰 사거리에는 궁금증을 자아내는 건물이 있다. 다양한 사람 모양의 일러스트가 벽면을 가득 채운 그곳을 지날 때마다 '대체 어떤 곳이지?' 하는 의문이 꼬리처럼 따라다녔다. 검색해보니 정부가 운영하는 무료 전시 공간이었다. 우리가 갔을 때는 카탈루니아의 유명 사진가와 동화작가 전시가 열리고 있었다. 무료라고 하기에는 전시가 너무 근사했고, 관람객이 많지 않아 천천히 둘러보기 좋았다.

팔라우 로베르트 Palau Robert
카탈루니아 정부에서 운영하는 곳으로 작은 전시장과 커다란 메인 전시장이 있다. 모든 전시는 무료이고, 전시뿐만 아니라 실내에 아기자기한 정원과 휴게 공간이 있다.
Add Passeig de Gràcia, 107, 08008 Barcelona
Open mon~sat 09:00~20:00, sun 09:00~14:30
http://palaurobert.gencat.cat

Spain
Barcelona

드디어 축제가 시작됐다, 그라시아 축제. 주민들이 매일 밤 만든 작품이 거리에 전시되고, 많은 사람이 축제를 즐기기 위해 그라시아 지구로 몰려들었다. 그라시아 지구의 초입에는 축제를 알리듯 갖가지 놀이기구가 설치됐으며, 거리에서 해맑게 웃는 아이들과 그 손에 쥐어진 달달한 솜사탕을 보는 순간 축제가 시작됐음을 알 수 있었다.

축제를 알차게 즐기고 싶다면, 사전 정보가 중요하다. 인터넷이나 팸플릿으로 어떤 프로그램이 있는지 사전에 확인하고 참여할 것을 추천한다. 축제에서 빠질 수 없고, 빠져서는 안 되는 맛있는 음식과 술은 누가 뭐래도 축제 분위기를 돋우는 일등공신이다. 그라시아 축제는 거리의 작품 전시뿐만 아니라 다양한 공연이 펼쳐지는데, 우리가 기다리고 기대하는 행사는 카탈루니아 지방에서만 볼 수 있는 인간 탑 쌓기였다.

해가 뉘엿뉘엿 지기 시작하자 인간 탑 쌓기가 시작되었다. 작은 어린이 팀을 시작으로 3인, 5인, 7인… 이렇게 점점 규모가 커졌다. 허리에 묶은 끈을 지지대로 한 명씩 밟고 서로를 의지하며 올라가는 모습에 모두가 큰 박수를 보내며 환호했다. 맨 마지막에 그 높은 곳을 다람쥐같이 올라가는 작은 꼬마를 보니 너무 대견하다 못해 눈물이 나올 것 같았다.

인간 탑을 쌓는 동안 아래에서 지지대 역할을 하는 사람들은 손을 올려 위로 올라가는 사람들을 보호한다. 그들은 수없이 논의하고 연습한 결과 이렇게 멋진 작품을 만들어냈을 것이다. 또 서로가 믿고 의지하지 않으면 절대 이런 결과물은 나올 수 없다. 서로의 믿음을 바탕으로 완성된 거대한 창작물을 보는 순간, 뭔지 모를 감동이 밀려왔다.

day 17

Spain
Barcelona

194 Spain
Barcelona

day 18
다시 바르셀로나에
갈 수밖에 없는
이유

테라스에 앉아 책을 읽기 딱 좋은 아침이다.
여행을 갈 때마다 가방에 항상 3권의 책을 챙긴다.
좋아하는 책과 사서 안 읽은 책 그리고 어려운 책.
여행지에서도 어려운 책은 여전히 어렵다.

day 18

day 18

딱히 쇼핑을 하겠다는 의지가 없어도 고딕 지구는 정말 인간의 물욕을 자극한다. 누구한테나 내재해 있는 아름다움에 대한 감각을 일깨워준다고나 할까. 길을 걷다 라피아 소재로 만든 가방, 모자, 인테리어 소품을 판매하는 곳에서 딱 걸음을 멈췄다. 하나하나 직접 만들어 똑같은 사이즈와 디자인이 없고, 제각기 자신만의 색깔을 지니고 있었다.
가격도 비싸지 않아 크고 작은 바스켓은 물론이거니와 의자며 거울도 사고 싶었지만, 어깨에 멜 수 있는 작은 프렌치 바스켓 하나만 25유로에 샀다. 계산할 때 주인 할머니는 친절하게 웃으면서 손짓 발짓으로 가방 지퍼를 잘 닫아야 한다고 거듭 당부하셨다.

헤르마네스 가르시아 germanes garcia
Add Carrer des Banys Nous, 15, 08002 Barcelona

200 Spain
Barcelona

널찍한 공간에 작은 트럭과 큰 테이블이 3개밖에 없어서 의아했던 기억이 난다. 뒤쪽에는 디자인 사무실이 있고, 앞쪽으로 커피를 마시는 큰 테이블이 놓여 있었다. 높고 넓은 공간에 별다른 장식이나 인테리어도 하지 않아 '이렇게 미니멀할 수도 있구나' 하는 생각이 들었다. 작은 트럭 안에서 커피를 내려주는데, 정형화된 분위기가 아닌 색다른 감성을 전해주었다. 이곳의 정체성은 커피 페스티벌이나 전시, 팝업 스토어를 운영하는 복합적인 공간이라는 사실.

스키에 커피 **SKYE Coffee Co.**
Add Carrer de Pamplona, 88, 08018 Barcelona
Open mon~fri 09:00~17:00
Instagram @skyecoffeeco

day 18

식물과 커피가 만난 공간은 어떤 모습일까? SNS에 올라온 에스파이 홀리우 Espai Joliu의 사진을 보며 바르셀로나에 가면 초록의 나무들 사이에서 커피를 마셔보고 싶다는 생각을 했다. 하지만 구글 지도를 따라 한참을 걸어가다 지도가 끝난 지점은 에스파이 홀리우가 아니라 다채로운 색상의 나뭇잎이 그려져 있는 셔터 앞이었다. 두 다리의 맥이 탁 풀리는 기분이었다.

다음을 기약하기에는 너무 멀리서 왔기 때문이다. 미리 휴가 일정을 체크했어야 하는데, 하는 후회가 밀물 듯이 몰려왔다. 혹여 바르셀로나의 여행을 계획한다면, 카페나 상점의 인스타그램을 통해 미리 오픈 시간을 확인해보길.

에스파이 홀리우 Espai Joliu
Add Carrer de Badajoz, 95, 08005 Barcelona
Open tue~fri 09:00~19:00, sat 10:00~15:00
Instagram @espaijoliu

202

Spain
Barcelona

메카닉 Mecànic

Add Carrer de Verntallat, 30, 08024 Barcelona
Open tue~thu 10:00~20:00, fri&sat 10:00~21:00
Instagram @mecanic.barcelona

day 18

꼭 가고 싶었던 카페가 휴가 중이라 몇 번 좌절하고 나니, 이제는 또 휴가 중이면 어쩌나 겁이 났다. 그러던 중 메카닉 Mecànic이 휴가를 끝내고 마침내 오픈했다. 그라시아 지구 끝에 위치한 메카닉은 낡고 오래된 차 정비소를 레노베이션한 곳으로 사진과 관련된 복합 공간이다. 그곳에는 사진 전문 서점과 카페, 전시 공간이 자리하는데, 천장이 시원하게 뚫려 있어 전혀 답답하지 않다.

카페에는 사진과 관련된 책이 곳곳에 비치되어 있고, 옆의 전시 공간에서는 매달 다양한 프로젝트 전시가 이뤄지고 있다. 그윽한 커피 향이 감도는 이곳에서 레코드판에서 흘러나오는 음악을 들으며 사진과 관련된 책을 보고 있자니, 이 건물을 통째 서울로 옮겨가고 싶다는 허무맹랑한 생각이 들었다. 우리가 갔을 때는 마침 전시 중인 빈티지 소품을 저렴하게 팔아 레드 컬러의 전등을 득템할 수 있었다.

204   Spain
       Barcelona

day
19

한여름의
피크닉

아침은 늘 그렇듯 커피 한잔과 빵, 과일을 먹는다.
서두르지 않고 오늘 일정을 체크하고, 어제를 돌아본다.
아직은 내가 좋아하는 바르셀로나에 있기에 가슴이 두근거린다.
오늘은 또 어떤 즐거움이 우리를 기다리고 있을까?
오늘은 지퍼백에 과일을 챙겨 담았다.
요즘은 군것질 대신 당도가 높은 제철 과일을 자주 먹는다.
스페인에서의 여름은 맛있는 과일과 야채가 있어 더욱 행복하다.

day 19

너무 큰 기대를 했던 걸까? 바위산을 닮은 우뚝 솟은 아그바 타워 Torre Agbar가 보이는 근처에 엔칸츠 마켓이 있다. 어디를 가도 앤티크 마켓은 빼놓지 않는 편인데, 이곳은 복잡하고 어수선한 시장 물건과 앤티크가 뒤섞여 있는 인상이었다. 잘 정리된 세련된 쓰레기장 같은 느낌이랄까.
차라리 동네에서 열리는 작은 플리마켓이나 가격이 조금 비싸더라도 고딕 지구의 빈티지 가게를 둘러보는 게 낫겠다는 생각이 들었다. 바르셀로나에서는 앤티크 물건에 대해 너무 큰 기대를 안 하는 게 좋을 것 같다.

엔칸츠 벼룩시장 Mercat Fira de Bellcaire Els Encants
Add Carrer de los Castillejos, 158, 08013 Barcelona
Open tus&thur&sun off, mon&wed&fri&sat 09:00~20:00

day 19

개선문 **Arc de**
Add Passeig de Lluís Companys, 08003 Barcelona

day 19

쨍하게 뜨겁지만 습하지 않아 빨래를 널면 바싹 마른다. 그래서 바르셀로나에서는 한여름이라도 그늘만 잘 찾아다니면 쾌적하다고 할 수 있다. 개선문에서부터 걸어가는 내내 공원에서 시간을 보낼 수 있을까 하고 의아했지만, 큰 나무 밑에 비치타월을 깔고 앉으니 제법 선선했다.

공원에 있는 작은 호수에서 유유자적 배를 타는 사람들이 보였다. 자전거를 타거나 우리처럼 그늘을 찾아 한가한 시간을 보내는 이들도 있다. 바르셀로나에서라면 사계절 내내 피크닉이 가능할 것 같다는 생각이 들었다.

음식을 담아온 종이봉투를 찢어 종이 그릇을 만들고 바게트, 초리조, 과일, 감자칩을 꺼내 바게트에 올려 먹었다. 노래도 듣지 않고 대화를 하지 않아도 무료하다는 생각이 전혀 들지 않았다. 그저 새소리를 들으며 주변의 자연과 사람들을 바라보며 천천히 흐르는 시간을 온몸으로 느끼고 있었다.

시우타테야 공원 Ciutadella Park
Add Passeig de Picasso, 21, 08003 Barcelona

day 19

Spain
Barcelona

day 20

두 번째 시체스

하루하루 보내는 시간은 느릿하게 흘러갔지만, 3주의 시간이 쏜살같이 지나갔다. 우리는 마지막 숙소로 향했다. 3주간의 호텔 생활을 끝내고, 남은 10일은 카사 그라시아 호텔에서 운영하는 아파트를 예약했다. 이곳에는 주방이 있어 남은 기간만큼은 간단한 요리도 해먹고 조금 더 현지인처럼 살아볼 수 있을 것 같다.

day 20

213

214 Spain
    Barcelona

day 20

아침 일찍 짐을 숙소로 옮기고 집 앞에서 기차를 타고 시체스로 향했다. 주말에는 근교로 여행을 가겠다는 계획은 시체스를 두 번 가는 것으로 상쇄되었다. 그만큼 시체스는 우리에게 많은 것을 주었다. 기차 안에서 무심하게 바라본 창밖의 풍경에 마음을 빼앗겼다. 크고 작은 바다를 지나고, 들판을 지나 작은 공장들을 보면서 우리는 셀렘이라는 작은 진동을 즐기고 있었다.

3주가 지나니 이제는 뜨거운 햇살을 마주할 용기가 났다. 처음 도착해서는 온몸에 선크림을 덕지덕지 발랐다. 해변에서도 파라솔 안에 몸을 숨기기 급급했다. 하지만 시간이 지날수록 조금씩 내려놓기 시작했다. 이내 온몸은 까맣게 탔고, 서로 화장을 하지 않은 얼굴을 바라보며 웃었다. 그런데 이렇게 까맣게 태닝한 몸이 멋져 보이기도 했다. 물론 주근깨가 올라오면 어쩌지 하는 걱정도 됐지만, 시간이 지날수록 그런 것에 연연하지 않고 지중해의 뜨거운 햇살을 즐기기 시작했다.

216 Spain
Barcelona

day 20

218

Spain
Barcelona

day 20

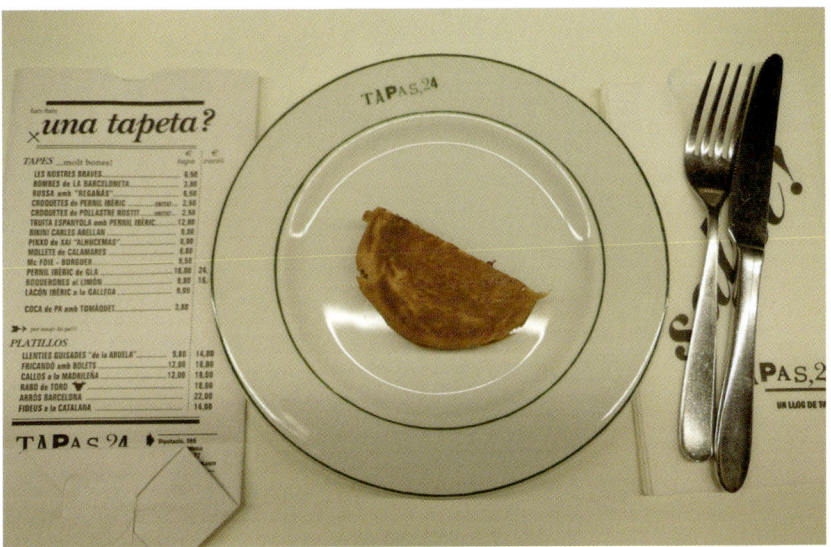

바르셀로나로 돌아오니 오후 3시가 넘었고, 너무 허기가 졌다. 숙소 근처에 있는 유명한 타파스 Tapas 24로 갔다. 그런데 이곳에서 우리는 처음이자 마지막으로 아주 실망스러운 식사를 경험했다.

유명한 식당은 보통 오후 1시 30분부터 3시까지 웨이팅을 하는 경우가 많다. 하지만 우리는 3시 이후에 방문했기에 식당에는 우리를 포함해 3팀밖에 없었다. 우리는 늘 하던 대로 메인과 전식으로 먹을 것을 시키고, 추가로 이것저것 주문했다. 그런데 종업원들이 전식으로 먹어야 하는 음식을 메인을 먹고 나서 시키는지 이해가 안 된다는 제스처를 취하며 노골적으로 표현했다.

바쁜 점심시간이라면 그들의 입장이 이해되겠지만 코스요리도 아니고 대부분 타파스를 주문했는데, 왜 우리가 음식을 주문한 순서에 불편한 기분을 느껴야 하는지 모르겠다. 계산할 때 보통 잔돈은 팁으로 주는 경우가 많은데, 이곳에서는 단 2유로도 팁으로 주고 싶지 않았다. 종업원한테 잔돈을 달라고 했더니, 돈을 책상 위에 던지듯 계산서와 함께 줬다. 유일하게 바르셀로나에서 불쾌하고 불편했던 식사였다. 지나고 나면 이런 경험도 이야깃거리가 될지도 모르겠지만, 그냥 우산 없이 소나기를 맞은 셈 치기로 했다.

타파스 **Tapas** 24
Add Carrer de la Diputació, 269, 08007 Barcelona
Open everyday 09:00~24:00

220

Spain
Barcelona

day 21

아무런 계획도
목적도 없이 그냥

바르셀로나를 대표하는 카탈루니아 미술관은 스페인 광장에서 몬주익 분수 방향으로 올라가다 보면 뒤쪽에 위치한다. 우리가 갔던 날은 안개가 뿌옇고 흐렸는데, 그 사이로 분홍색 꽃이 핀 나무가 하늘거려 마치 하늘에 있는 궁전으로 올라가는 기분이었다.

day 21

221

Spain
Barcelona

day 21

높은 곳에 있다는 말은 그만큼 전망이 좋다는 것을 의미한다. 또 사진을 찍으러 오는 사람도 당연히 많다. 카탈루니아 미술관은 1929년 만국박람회 때 지어졌으며, 1934년에 미술관으로 재개장했다. 미술관은 로마네스크관, 중세관, 현대관으로 나뉘어 있으며, 그중에서도 로마네스크관이 가장 방대한 작품 수를 자랑한다.

중세 시대 때 많은 카탈루니아인이 문맹이었기 때문에 교회 벽을 이야기로 장식했었다. 이곳에는 그 당시의 작품이 그대로 전시되어 있는데, 특별한 설명 없이 벽화만 봐도 어떤 내용인지 충분히 알 수 있을 만큼 무척 정교했다. 피카소도 이 미술관을 보고 "서양미술의 근원을 이해하고자 할 때 이곳은 극히 본질적이고 귀중한 가르침을 준다"고 극찬했다. 이곳은 규모가 상당히 커서 둘러보는 데 최소한 3시간은 잡아야 한다. 그런데 미술관의 규모에 비해 현대미술 작품이 상대적으로 적어 현대미술을 좋아하는 이들은 실망할 수도 있다. 하지만 우리는 서양미술의 전체적인 흐름을 볼 수 있어 무척 만족했다.

카탈루니아 미술관 Museo Nacional d'Art de Catalunya
Add Palau National, Parc de Montjuïc, s/n, 08038 Barcelona
Open October~April(tue~sat 10:00~18:00, sun&holiday 10:00~15:00),
May~September(tue~sat 10:00~20:00, sun&holiday 10:00~15:00)
아트 티켓 BCN으로 입장 가능하다.

Spain
Barcelona

day 21

Spain
Barcelona

여행은 사전에 얼마나 많은 정보를 수집하고, 꼼꼼하게 준비하느냐에 따라 보고 느끼는 결과물이 달라질 수 있다. 그런데 때로는 아무런 계획도 세우지 않고 그저 발길 닿는 대로, 마음이 시키는 대로 해보는 것도 꽤 흥미롭다.
내가 생각하기에 보른 지구가 딱 그랬다. 지도에 의존하게 되면 주변의 볼거리를 놓칠 수 있어, 그냥 골목골목을 걸었다. 그러다 전혀 예기치 못한 곳에서 취향에 맞는 장소를 보는 순간 놀라기도 했고, 아까 갔던 곳에 또 가기도 했다. 하지만 서울의 홍대나 연남동을 구경하듯 찬찬히 산책하기에 너무 좋았다.
그런데 오늘은 몇 번 갔던 보른 지구를 색다르게 즐기고 싶었다. 특별히 어디를 가겠다는 목적도 없이 큰 길을 지나 사람들이 많이 들어가는 통로를 따라가봤다. '이런 곳이 있을 줄이야!' 하는 생각이 들 만큼 조그만 파사주 Passage(통로)였다. 그런데 조금 걷다 보니 눈에 익은 간판이 보였다.

day 21

day 21

우리가 며칠 전부터 그토록 가보고 싶었던 노마드 Nomad 커피숍이다. 미술관에서 한동안 집중한 나머지 내 몸은 간절하게 커피를 원하고 있었다. 노마드는 전형적인 아치형 창문에 갖가지 식물로 장식되어 있다는 점이 지극히 바르셀로나다웠다. 이렇게 몇 개의 큰 식물로 인테리어를 조화롭고 아름답게 할 수 있을까 하는 생각마저 들었다.

초록 식물로 인테리어를 할 때는 키 큰 식물보다 토분 등의 식물을 많이 두어 그루핑 효과를 보는 경우가 많다. 그런데 바르셀로나에서는 몇 개의 식물만으로 간결하면서도 공간이 돋보일 때가 많다. 문득 방랑자, 유랑자를 의미하는 가게 이름처럼 오너는 좋은 커피를 찾기 위해 얼마나 많은 유랑을 했을까 하는 생각이 들었다. 이곳은 신맛이 나는 커피로 유명하지만, 우리는 신맛이 덜 나는 아이스 카페라테를 마셨다. 녹진한 우유 거품과 쌉싸래한 향이 어우러져 바르셀로나에서 마신 커피 중에 단연 최고였다. 가격은 다른 곳에 비해 2배 정도 비싸지만, 전혀 아깝지 않았다. 커피 한 잔에 이렇게 행복할 수 있다면!

Spain
Barcelona

카사 롤레아 Casa Lolea는 길을 가다 종업원들이 입은 아기자기한 빨간 체크무늬에 반해 우연히 들어갔다. 그런데 알고 보니 카르푸나 공항에서 본 롤레아 상그리아 회사에서 운영하는 식당이었다. 바르셀로나 맛집이라고 하니 사전에 예약을 하는 게 좋다. 우리가 갔을 때는 오후 2시가 넘어 만석이었지만, 운 좋게 좋은 자리에 앉을 수 있었다. 때로는 화장실 옆에 앉는 비운을 겪을 수도 있으니, 예약은 필수다.

우리는 술을 잘 마시지 않아 화이트 상그리아를 잔으로 시켰고, 파타타스 브라바스, 트러플 리조토 그리고 푸아그라를 지나칠 수 없어 푸아그라 샌드위치와 브리 치즈 샌드위치를 주문했다. 사실 푸아그라는 특유의 비릿한 맛으로 잘 못 굽거나 제대로 익히지 않으면 맛이 없을 때가 많다. 또 잘 익혀도 달달한 소스나 잼을 곁들여 먹는다. 가장 먼저 나온 푸아그라 샌드위치는 달달한 양파 잼과 소금이 조화롭게 어우러져 맛이 좋았다.

파타타스 브라바스는 다른 가게와 달리 일반적인 감자튀김이 아니라 알감자를 버터에 구워 소스에 찍어 먹는데, 담백한 맛이 일품이었다. 마지막으로 나온 트러플 리조토가 기대 이상이었다. 한 스푼이나 가득 올린 트러플의 양은 물론, 솔솔 풍기는 트러플 향이 적당히 익은 쌀 모양의 오르조 파스타와 어우러져 절대 느끼하지 않은 완벽한 트러플 리조토였다.

식사를 하면서 우리는 다시 한번 식재료의 중요성을 절감했다. 그런데 우리를 더 기쁘게 한 건, 다름 아닌 트러플 리조토를 10유로도 안 주고 먹었다는 사실이다. 우연히 들른 거라 별다른 기대를 하지 않았지만, 끝까지 완벽한 만찬이었다. 빨간색 땡땡이와 체크무늬가 선사하는 경쾌하고 발랄한 분위기는 덤이다.

카사 롤레아 Casa Lolea

Add Carrer de Sant Pere Més Alt, 49, 08003 Barcelona
Open 09:00~01:00
Instagram @casalolea

day 21

day 21

늦은 점심을 먹고 있는데, 갑자기 소나기가 내리기 시작했다.
우리는 식사가 끝났지만, 빗소리를 들으며 창밖을 바라봤다.
비가 오는 바르셀로나가 원색이 아닌 무채색으로 다가왔다.
비가 내리는 것을 바라보기만 했는데 우리의 마음까지 촉촉하게 물들었다.

Spain
Barcelona

day 22

감각적인 공간을
온전히 누리는 기분

개선문 근처에 있는 사탄 커피는 바르셀로나에 두 곳이 있다. 우리는 카사 보나이 Casa Bonay 지점이 궁금했던 터라, 그곳에 있는 사탄 커피에 갔다. 카사 보나이는 부티크 호텔로, 람블라스 거리와 보른 지역 사이에 위치해 관광지로의 접근성이 좋다.

day 22

카사 보나이 **Casa Bonay**
Add Gran Via de les Corts Catalanes, 700, 08010 Barcelona
Instagram @casabonay

Spain
Barcelona

사탄 커피 **Satan Coffee**

Add Gran Via de les Corts Catalanes, 700, 08010 Barcelona
Open 08:00~18:00(연중무휴)
Instagram @satancoffeeco

day 22

건물은 식물로 둘러싸여 있으며, 푸른색과 초록색을 컨셉트로 조화로웠다. 사탄 커피에서 카페라테와 코르타도를 마시고, 카사 보나이를 구경했다. 레스토랑과 연결되어 카페에 자리가 없으면 호텔 안으로 들어가도 된다고 했다. 초록 벽과 라탄 의자, 액자 등이 자칫 무거워 보이는 호텔 공간을 따스하게 만들었다. 이곳은 화장실 인테리어가 무척 독특한데, 마치 홍콩의 골목을 연상시키는 벽지와 조명이 인상적이었다.
카사 보나이 호텔과 달리 사탄 커피는 에메랄드빛 테이블과 하얀 타일로 장식돼 있어 파랗고 깨끗한 바다를 보는 느낌이었다. 커피 한잔 마시면서 힙한 미술관에 온 듯 예술적이면서 감각적인 공간을 온전히 누리는 기분이었다.

Spain
Barcelona

그라시아 지구의 산책은 언제나 우리를 행복하게 만들었다. 8월은 더욱이 그라시아 축제가 시작되기 때문에 거리는 온통 축제 분위기로 들떠 있었다. 거리마다 각기 다른 테마로 골목을 장식하는데, 그것을 보는 재미가 쏠쏠했다. 그런데 한 가지 특이한 것은 이 모든 장식이 더 이상 효용 가치가 없는 물건을 리사이클링해서 새로운 예술적 생명을 부여했다는 사실이다.

어떤 곳은 포도밭에 들어간 듯하고, 또 어떤 곳은 바닷가를 모티브로 꾸며 수영을 하는 듯한 느낌도 든다. 이처럼 골목마다 주제나 재료가 달라 각기 자신만의 크리에이티브한 감각이 유감없이 발휘되어 있다. 더욱이 그라시아 축제는 모든 주민이 참여하기 때문에 어디를 가도 흥겹고 시끌벅적했다.

축제가 시작되면 골목골목에는 주류 판매대가 설치되어 모히토나 맥주, 클라라를 사서 들고 다니면서 마셔도 좋다. 한낮에 즐기는 축제도 즐겁지만 단연코 밤이 되어야 축제의 하이라이트가 펼쳐진다. 하지만 우리는 산책하듯 낮에 갔기 때문에 절정에 달아오른 분위기를 느끼지는 못했다. 하지만 뜨거운 축제 분위기만큼은 온전히 느껴졌다.

커다란 팬에 파에야를 만드는 사람들을 지켜보기도 하고, 얼굴에 페인팅을 하는 아이들 그리고 왁자지껄하게 수다를 떠는 사람들까지 그들을 바라보는 것만으로도 충분히 유쾌했다. 내일은 느지막이 와서 클라라 한 잔이라도 마시면서 축제를 즐겨야겠다.

Spain
Barcelona

작은 농장을 뜻하는 그랑하 페티트보 Granja Petitbo는 항상 많은 사람들로 북적여서 주말에는 아침 일찍 가거나 평일에 가는 것이 좋다. 주말에는 30분 정도의 웨이팅은 기본이다. 브런치 레스토랑이라 채식 메뉴와 신선한 주스가 있어 현지인과 관광객 모두에게 인기 있다.
독특한 인테리어도 이곳의 유명세에 한몫하는데, 눈이 절대 심심하지 않다. 우리는 며칠 동안 기름진 음식을 먹어 위를 힘들게 했다는 죄책감에 오늘은 가볍게 샐러드와 햄버거를 먹어야겠다고 생각했다.

그랑하 페티트보 **Granja Petitbo**
Add Passeig de Sant Joan, 82, 08009 Barcelona
Instagram @granjapetitbo

day 22

242   Spain
Barcelona

오늘은 로레아 상그리아 한잔과
초리조, 엔초비, 달달한 청무화과로
소박한 만찬을 즐긴다.
백야로 여전히 낮 같은 바르셀로나에서
취하기에는 너무나 아쉬운
여행의 막바지다.

day 22

Spain
Barcelona

day 23

바르셀로나의
기분 좋은 햇살

근처 과일 가게에서 사온 신선한 과일과 커피 한잔.
저 멀리 사그라다 파밀리아 성당이 보인다.
아침부터 바르셀로나의 기분 좋은 햇살을 한껏 즐긴다.

day 23

카사 그라시아 Casa Gràcia
Add Passeig de Gràcia,
116Bis, 08008 Barcelona

우리가 묵고 있는 카사 그라시아 아파트는 카사 그라시아 호스텔에서 운영하는 곳으로, 처음 체크인은 호스텔에서 한 다음 밖으로 나와 옆 건물로 들어가는 구조다. 이곳은 주방과 테라스가 있는 아파트이지만, 호텔에서 운영하기 때문에 이틀에 한 번 청소도 해준다. 테라스에 나가면 바르셀로나 시내가 한눈에 보이는 것도 마음에 들었다. 숙박비는 조금 나가는 편이지만, 남은 시간을 쾌적하게 보낼 수 있어 다행이었다.

Spain
Barcelona

바르셀로나의 아름다운 거리 중 하나인 파세이그 데 피카소 Psseige de Picasso에 위치한 포토 콜렉타니아 미술관 Fundació Foto Colectania은 사진과 관련한 출판, 전시, 워크숍 등을 진행하는 비영리 사진 전시관이다. 행운의 여신을 만난 것처럼 우연히 찾아갔는데, 내가 좋아하는 사진가인 사울 레이터 Saul Leiter의 전시가 열리고 있었다.
가보기 전에는 내키지 않으면 들어가지 말자고 했지만, 입구에서 사울 레이터의 포스터를 보는 순간 뛸 듯이 기뻤다. 이곳에 오지 않았으면, 두고두고 후회할 뻔했다. 그리 크지 않은 전시 공간에서 사울 레이터의 사진과 다큐멘터리 영상을 보고 그가 직접 사용한 카메라와 소품 등을 천천히 둘러봤다. 전시장뿐만 아니라 서점과 작은 도서관도 있어 사진을 좋아하는 사람이라면 한 번쯤 가볼 것을 추천한다.

day 23

포토 콜렉타니아 미술관 **Fundació Foto Colectania**
Add Passeig de Picasso, 14, 08003 Barcelona
Open tue~sat 11:00~20:00, sun 11:00~15:00
Instagram @fotocolectania

day 23

바르셀로나를 떠날 때가 가까워질수록 마음은 점점 조급해진다. 3주 차에 접어들자 특별히 애정하는 거리도, 숍도 생겼다. 우리 동네인 것마냥 이름을 말하지 않아도 '거기 광장에 있는 노랑 체크집' 하면 어디인지 알 수 있다.

성당 광장 앞에는 노란색 체크 테이블보가 눈에 들어오는 라 칸델라 La Candela가 있다. 그곳을 지나칠 때마다 "우리 저기 노란 테이블에서 꼭 맥주를 마시자!" 하고 말했지만, 끝내 가지 못했다. 성당을 지나 조금 올라가면 아기자기한 세라믹 공방 워킹 인 더 레드 우즈 Working in the Red Woods가 있다.

바르셀로나에서 흔히 볼 수 있는 공방은 앞은 상점이고 뒤나 복층식의 1.5층에 작업실이 있는 형태다. 이곳 역시 앞에는 도자와 프랑스 리넨 소품이 진열되어 있고, 뒤편으로 도자 작업을 하는 공간이 있다. 간결한 형태와 컬러감이 돋보이는 다양한 도자기로 가득했던 이곳은 문이 닫힌 셔터만 봐도 정체성이 고스란히 느껴진다. 누군가의 작업실을 엿보는 즐거움을 누릴 수 있는 곳이다.

워킹 인 더 레드 우즈 Working in the Red Woods
Add Carrer de Lluís el Piadós, 4, 08003 Barcelona
Open mon~sat 10:30~15:00, 17:00~20:00
Instagram @workingintheredwoods

250 Spain
     Barcelona

day 24

달콤한
세상 속으로

선인장이 많은 정원에 가기 위해 아침 일찍 집을 나섰다. 지하철을 타고 파랄-렐 Paral-lel역에서 내려 쭉 걷다 보면 '여기에 공원이 있다고?' 할 만큼 애매한 길이 나온다. 언덕과 도로변을 지나다 보면 갑자기 어느 구멍에서 한 명 두 명 사람들이 보이기 시작한다. 마음 한구석에서 '이 공원에 가야 하나?' 싶은 불안이 엄습한다.

day 24

아침 시간이라 사람은 없고 고양이 다섯 마리가 우리를 보고 도망쳤다. 텐트에 사는 사람이 고양이 주인 같았다. 길을 걷는데 인기척도 들리지 않았다. 비가 올 것 같은 흐린 날씨 때문이었을까. 공포영화를 체험하듯 언덕으로 올라갔다. 눈앞에 선인장 몇 그루가 보이면서 아기와 가족들의 목소리가 들리기 시작했다.

우리는 잔뜩 긴장한 채 선인장을 구경하기 시작했다. 800여 종의 선인장이 있다고 했는데, 지금은 훼손된 게 많은지 다 들어갈 수도 없었다. 공원에는 우리 둘과 다른 한 가족밖에 없어 왠지 스산한 분위기였다. 우리는 구경을 하는 둥 마는 둥 도망치듯 선인장 공원을 나왔다.

공원을 나가는 곳도 미로 같아서 들어왔던 구멍으로 나가는 게 좋다. 다른 문을 찾아 나가다 술에 취한 아저씨를 만날 수도 있으니 조심해야 한다. 선인장을 너무 좋아하거나 선인장 사진을 꼭 찍어야 하는 경우가 아니라면 건너뛰어도 하나도 아쉽지 않다.

Jardins de Mossèn Costa i Llobera
Add Ctra. de Miramar, 50-58, 08038, Barcelona

252 Spain
Barcelona

데마시에 Demasié
시나몬 롤을 전문으로 하는 데마시에도 사람들이 많이 찾는 디저트 가게다.
Add Carrer de la Princesa, 28, 08003 Barcelona
Instagram @cookien-demasie

day 24

아침부터 공포영화를 찍었더니 온몸의 힘이 쭉 빠졌다. 정원 산책이 전부였는데 말이다. 오후 일정은 꼭 가고 싶었던 초크 Chok로 낙점했다. 람블라스 거리나 그라시아 지구에도 가게가 있는 초크는 촉(!) 하는 얼굴 간판이 귀여운 곳이다. 이곳은 기본 빵은 판매하지 않고, 다양한 크림이나 초콜릿으로 장식한 페이스트리나 도넛 등을 판매한다.
우리는 피스타치오 크림이 올라간 초코 도넛을 샀다. 고소한 크림과 톡톡 씹히는 피스타치오를 먹으면서 언제 그런 엄청난 일을 겪었냐는 듯 달콤한 세상으로 금세 빠져들었다. 진한 커피가 잘 어울리는 초크가 그립다.

초크 Chok
Add Carrer del Carme, 3, 08001 Barcelona
Open 09:00~21:00
Instagram @chokbarcelona

Spain
Barcelona

클라이 **Clay**
Add Carrer dels Banys Vells, 11, 08003 Barcelona
Open mon~sat 12:00~21:00, sun off
Instagram @claybcn

day 24

보른 지구를 처음 찾았다면 골목들이 미로 같아서 어디가 어딘지 헷갈릴 수밖에 없다. 우리는 몇 번 가다 보니 이제는 가고 싶은 곳을 찾아갈 수 있게 되었다. 오늘 우리가 가는 곳은 클라이 Clay라는 편집숍이다. 그곳에는 우리가 좋아하는 나무와 세라믹, 리넨 제품이 가득한데, 모노톤의 인테리어가 모로코의 어느 친구 집에 온 듯 편안하다.

한 켠에 핸드메이드 유리컵이 진열되어 있고, 마감을 하지 않는 시멘트 벽에 무심하게 툭툭 놓여 있는 제품의 디스플레이가 절대 산만하지 않고 자연스럽다. 나는 여행지에서는 가급적 쇼핑을 하지 않는다는 원칙을 지키기 위해 노력한다. 하지만 이곳에서는 유일하게 동생의 쇼핑을 허락했다. 그만큼 제품의 질이 뛰어나고 집으로 데려가도 절대 후회하지 않을 아이템으로 가득하다.

'서울에도 이런 물건은 많아. 필요 없는 물건은 사지 말자!'는 레퍼토리를 입에 달고 사는 나조차도 와인잔과 물병, 필요도 없는 컵을 한가득 샀다. 그것들을 바라보면서 말할 수 없이 행복해했다.

day 24

오늘 밤에는 클라라를 만들어볼 생각이다.
스페인에서 마시는 달달한 맥주로 타파스 가게에서 클라라 만드는 방법을 보니, 재료가 2가지밖에 안 되었다. 컵에 레몬 맛이 나는 차가운 환타를 3분의 1 채우고 차가운 맥주를 가득 부어 섞는다. 이게 끝이다. 1유로짜리 짭조름한 견과류 한 봉지와 클라라 한 잔으로 시원함을 만끽했다.

258 Spain
Barcelona

day 25
도시 전체가
거대한 식물원이라니!

이제 서울로 돌아갈 날이 얼마 남지 않았다.
너무 길지 않을까 하는 소심한 걱정도 했지만,
매일 가도 전혀 지루하지 않고 즐거운 바르셀로나의
모든 골목과 햇살이 우리를 기꺼이 맞아주었다.
아름다운 바르셀로나에서의 시간을 꼭 붙잡고 싶지만.
만남이 있으면 헤어짐도 있기 마련이다.
그렇게 이곳에서의 시간을 추억이라는 이름으로
우리 머릿속에 꼭꼭 저장해두기로 했다.

day 25

day 25

바르셀로나는 다른 도시에 비해 참 편안하다. 그 이유가 뭘까 하고 생각해봤다. 도시 전체가 거대한 식물원처럼 눈이 머물고 발길이 닿는 곳마다 초록으로 가득하다. 그래서일까? 꽃집을 찾기가 쉽지 않았다. 온갖 잡지에서 핫하다고 하는 수형의 식물이 이곳에서는 베란다 한 모퉁이를 차지하고 있었다. 걸으면서 주변을 둘러보기만 해도 사진으로 남기고 싶고, 두 눈에 담고 싶은 것들로 가득했다. 이곳에서의 산책이 늘 즐거운 이유다.

Spain
Barcelona

바르셀로나를 더욱 특별하게 만들어준 나의 소중한 지우와 하준 그리고 수영 언니! 그들과 함께 걸었던 보른 거리를 떠올리면 입가에 미소가 피어오른다. 우리는 재잘거리며 온갖 가게를 기웃거리다 무작정 초록색 체크 식당으로 갔다. 또 고대 시장이었으나 재개발하는 과정에서 로마 유적지가 발견되어 현재 그 유적지가 그대로 보존되어 있는 박물관 엘 보른 El Born CC에서의 추억도 잊을 수 없다. 바로 앞에 있는 초록색 체크무늬가 독특한 레스토랑 카사 델핀 Casa Delfin도 그들을 떠올릴 때 빼놓을 수 없는 추억의 장소다.

day 25

레스토랑 카사 델핀 **Restaurante Casa Delfín**
Add 36, Passeig del Born, 08003 Barcelona

Spain
Barcelona

세상에서 가장 만들기 쉬운 음식은? 바로 샐러드다. 샐러드 야채와 상큼한 식초 그리고 고소하고 짭조름한 재료를 넣으면 끝! 나는 수분이 많아 다소 심심할 수 있는 양상추 대신 고소한 루콜라를 준비해 단조로운 맛을 피했다. 접시에 루콜라를 깔고 다양한 치즈와 짭조름한 프로슈토를 올리고 스페인산 올리브유와 상큼한 라임 즙을 뿌리면 맛있는 샐러드가 완성된다.
야채 본연의 맛을 즐기고 싶다면 발사믹 식초 등 맛이 진한 식초는 피하는 게 좋다. 여기서도 한 가지 기억할 것은, 절대 신선한 재료로 만들어야 한다는 사실이다.

day 25

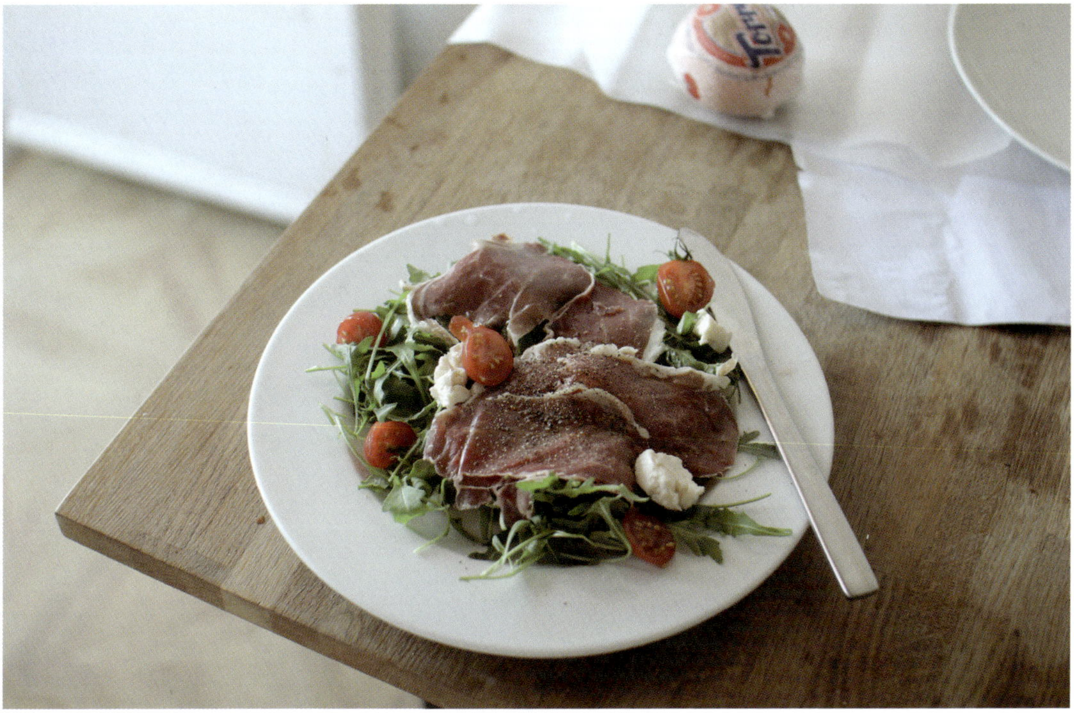

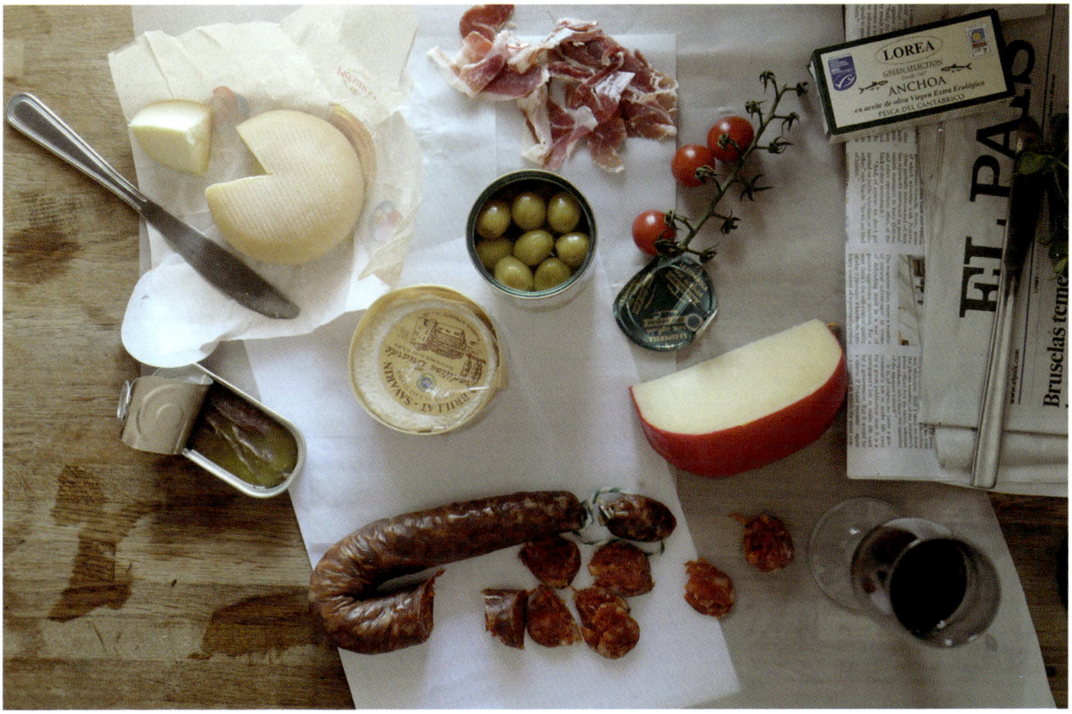
LOREA
GREEN SELECTION
ANCHOA
en aceite de oliva Virgen Extra Ecológico
PESCA DEL CANTÁBRICO
Bruselas teme

266   Spain
Barcelona

day
26

빈티지한 인테리어
소품으로 가득한 곳

판 콘 토마테 맛있게 먹는 법.
맛있는 바게트를 산다. 신선한 마늘을 반으로 잘라 빵에 문지른다.
잘 숙성된 토마토를 반으로 잘라 으깨듯이 빵에 바른다.
윤기가 흐르는 하몽을 한 장 올린다.
그 위에 고소한 올리브유를 뿌리고, 한입 베어 먹는다.
마늘의 알싸한 향과 새콤달콤한 토마토 즙 그리고 짭조름한 하몽까지
신선한 재료의 완벽한 승리다.

Spain
Barcelona

day 26

그라시아 지구에서 디아고날 거리를 걷다 보면 파란 간판의 오토 로세욘 Auto Rosellón이 보인다. 원래 이곳은 50년 이상 된 자동차 수리점이었는데 카페로 바뀌었다고 한다. 건물 외관은 그대로라 빈티지한 파란색 색감과 블랙의 큼직한 글자가 시간 여행을 하듯 1980년대의 한 장면을 떠올리게 한다.

그런데 문을 열고 들어가면 외관과 달리 모던한 화이트 톤이 반전의 매력을 선사한다. 우리는 케이크 한 조각과 카페라테를 먹으면서 말없이 앉아 있었다. 정겨운 노래가 흘러나오고 스페인 여자들의 수다 소리와 달그락거리는 그릇 소리, 신문을 넘기는 일상의 소란스럽지 않은 잡음이 친근하게 다가왔다. 관광지에서 조금 떨어져 있어 한적하며 오전 일찍 브런치를 먹기 좋다.

오토 로세욘 Auto Rosellón,
Add Carrer del Rosellón, 182, 08008 Barcelona
Open 08:00~01:00
Instagram @Autorosellon

브런치&케이크 로세요 Brunch&Cake Rosselló
오토 로세욘에서 걸어서 2~3분 거리에 있는 플레이팅이 유명한 브런치 카페
Add Carrer del Rosselló, 08036 Barcelona
Open 09:00~21:30
Instagram @brunchandcake

day 26

카사 바트요를 지나는데, 이 길과 전혀 어울리지 않는 건물이 보였다. 갈색 건물 위에 철사로 감아놓은 게 인상적인 이곳은 안토니 타피에스 미술관 Fundació Antoni Tàpies이다. 이 건물은 상파우 병원 Sant Pau과 카탈루니아 음악당 Palau de la Musica Catalana을 만든 도메네크 이 몬타네르 Domènech i Montaner가 설계해 1984년에 지어진 유명한 건축물이다. 철사로 감아놓은 'Cloud and Chair'라는 작품이 외관에서부터 현대미술관이라는 정체성을 강하게 드러낸다.

안토니 타피에스는 법률을 전공했지만, 독학으로 추상화적인 회화 작품을 작업했다. 그는 작품에 흙이나 모래, 돌 등을 사용했으며, 그래피티 같은 기호를 넣기도 했고 찢어진 캔버스나 쓰레기에 드로잉을 하기도 했다. 우리한테는 다소 낯설지만 현대미술의 거장으로 불릴 만큼 유명한 예술가다. 특히 부인한테 보낸 러브레터가 인상적이었는데, 글씨를 쓰지 않고, 초현실주의 작가답게 기호나 트럼프 카드, 낙서 등으로 사랑하는 마음을 표현했다. 가우디나 피카소, 호안 미로가 아닌 신선한 작가의 작품이 보고 싶다면 추천한다. 아트 티켓으로도 관람 가능하다.

안토니 타피에스 미술관 Fundació Antoni Tàpies
Add Carrer d'Aragó, 255, 08007 Barcelona
Open tue&wed&thu&sat 10:00~19:00, fri 10:00~21:00, sun 10:00~15:00
Instagram @fundacioantonitapies

Spain
Barcelona

우리는 시우다드 콘달 Ciudad Condal에서부터 그라시아 지구 직전까지 걷곤 했다. 호텔 프락티크 람블라를 좋아했던 이유도 호텔을 나서면 온갖 볼거리가 넘쳐났기 때문이다. 그러다 아주 우연히 안토니 타피에스 미술관을 발견했고, 그 건너편에 있는 타이모 Taimo라는 인테리어 편집숍이 시선을 사로잡았다.
그곳을 지날 때마다 하얀 건물과 창문 너머로 보이는 인테리어 소품이 궁금했지만, 오랫동안 휴가 중이라 호기심만 증폭시켰다. 우리가 떠나기 직전 문을 열었다는 소식을 듣고 너무나 반가웠다. 빈티지하지만 세련된 인테리어 소품으로 가득했다. 그곳에서 마음에 드는 카펫을 발견했지만, 어떻게 들고 갈 것인지 한참을 고민했다. 주인이 돌돌 말지 말고 납작하게 접어서 가방에 넣으라는 말에 '옳지, 그렇게 하면 되겠구나' 싶어 망설이지 않고 구입했다.

타이모 인테리어스 Taimo Interiors
Add Carrer d'Aragó, 266, 08007 Barcelona
Open mon~sat 10:00~14:00, 16:30~20:30
Instagram @taimo_interiors

day 26

타이모 근처에 우리가 좋아하는 의류 브랜드 에세오에세 eseOese가 있다. 우리는 비교적 여유가 있어 외관이나 인테리어가 마음에 드는 가게가 있으며 들어가서 구경하곤 했다. 로고가 박힌 브라운 패브릭이 시선을 사로잡았는데, 프렌치 스타일의 의류와 액세서리를 판매하는 스페인 브랜드다. 스페인은 자라 Zara로 대동단결하지만, 바르셀로나 곳곳에 숨어 있는 스페인 브랜드를 찾는 재미도 쏠쏠했다.

에세오에세 eseOese
Add Rambla de Catalunya, 64, 08008 Barcelona

Spain
Barcelona

day 27

바삭하고 달달한
엔사이마다 하나 주세요

마요르카 섬에서 유래한 전통 빵인 엔사이마다 Ensaimada는 반죽을 원통형으로 돌돌 말아 굽는다. 다 구워지면 달콤한 슈거 파우더를 뿌린 페이스트리다. 속은 크루아상처럼 바삭하고, 겉은 슈거 파우더를 뿌려 달달하다. 우리는 매일 아침 엔사이마다와 진한 커피로 하루를 시작했다.
"Uno ensaimada por favor."
번역하면, '엔사이마다 하나 주세요'다.

day 27

구엘 공원 Parc Güell
가우디 건축물은 대부분 시간별로 관람 인원을 제한하기 때문에 반드시 사전에 예약해야 한다. 당일에 예약하면 선택의 폭이 제한적이라는 사실을 기억하자. 입장료는 10유로다.
Open 08:00~21:30
Instagram @parkguell

day 27

바르셀로나에 온 지 4주가 넘었지만, 떠나기 직전에야 구엘 공원을 찾았다. 가우디의 도시에서 우리는 날마다 가우디와 함께했다. 가우디 투어 대신 꼭 보고 싶은 것만 보자 결정했지만, 한 달이나 이곳에 있으면서 가우디의 모든 작품을 보지 않으면 후회하지 않을까 하는 갈등도 했다.

물론 바르셀로나는 가우디를 상징하는 도시가 분명하지만, 가우디의 건축물만큼이나 도시 곳곳은 숨은 매력으로 가득하다. 구엘 공원은 살아 움직이는 듯한 곡선과 자연에서 모티브를 따온 건축물로, 우리가 발을 딛고 있는 현실 세계와 달리 마치 동화 나라에 온 듯했다. 진짜 야자수 같은 돌기둥과 색색의 타일로 만든 모자이크를 보며 "역시 그는 천재적인 건축가야" 하는 말이 우리도 모르게 나왔다.

구엘 공원은 버스와 지하철로 갈 수 있는데, 우리는 지하철 바야카르카 Vallacarca역에서 내려 사람들이 가는 방향으로 따라 올라갔다. 많은 사람이 아침 일찍 가보라고 했던 이유를 알 것 같았다. 우리는 오후 2시에 예약을 해서 해가 가장 쨍쨍할 때 걸어갔는데, 정말 후회스러울 만큼 계단이 많았다.

또 지하철보다는 버스(24번, 116번)를 추천한다. 만약 여름에 구엘 공원을 찾는다면 이른 아침이나 해가 질 즈음 둘러보는 게 좋다. 벙커를 가지 않아도 구엘 공원에서도 시원하게 펼쳐진 바르셀로나의 전경을 감상할 수 있다.

Spain
Barcelona

며칠 전 밤에 슬렁슬렁 산책을 했다. 길 건너편 식당을 보니 테이블마다 사람들이 있고, 문밖에서 대기하는 사람도 제법 많았다. 어떤 곳인지 찾아봤더니, 세르베세리아 카탈라나 Cerveseria Catalana라는 유명한 타파스 식당이었다. 마침 그곳을 지나다 자리가 있어 가벼운 마음으로 들어갔다.
식사 시간이 훨씬 지났는데도 식당 안은 사람들로 가득했다. 우리는 운 좋게 노란색 의자가 있는 테라스에 자리를 잡았다. 재료가 신선해서일까, 아주 단순한 피망튀김과 오징어튀김도 맛이 좋았다. 역시나 클라라 한잔과 함께 맛있는 음식을 맛보는 소소한 즐거움을 누렸다.

세르베세리아 카탈라나 **Cerveseria Catalana**
Add Carrer de Mallorca, 236, 08008 Barcelona
Open 09:00~01:30

day 27

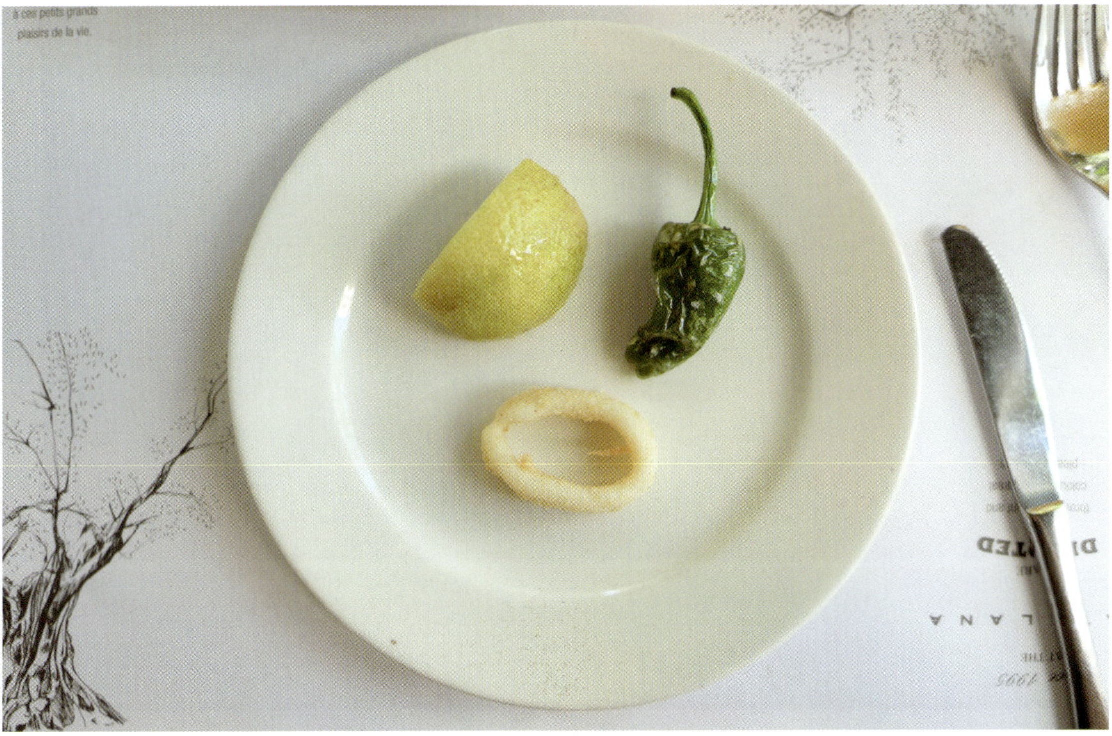
à ces petits grands
plaisirs de la vie.

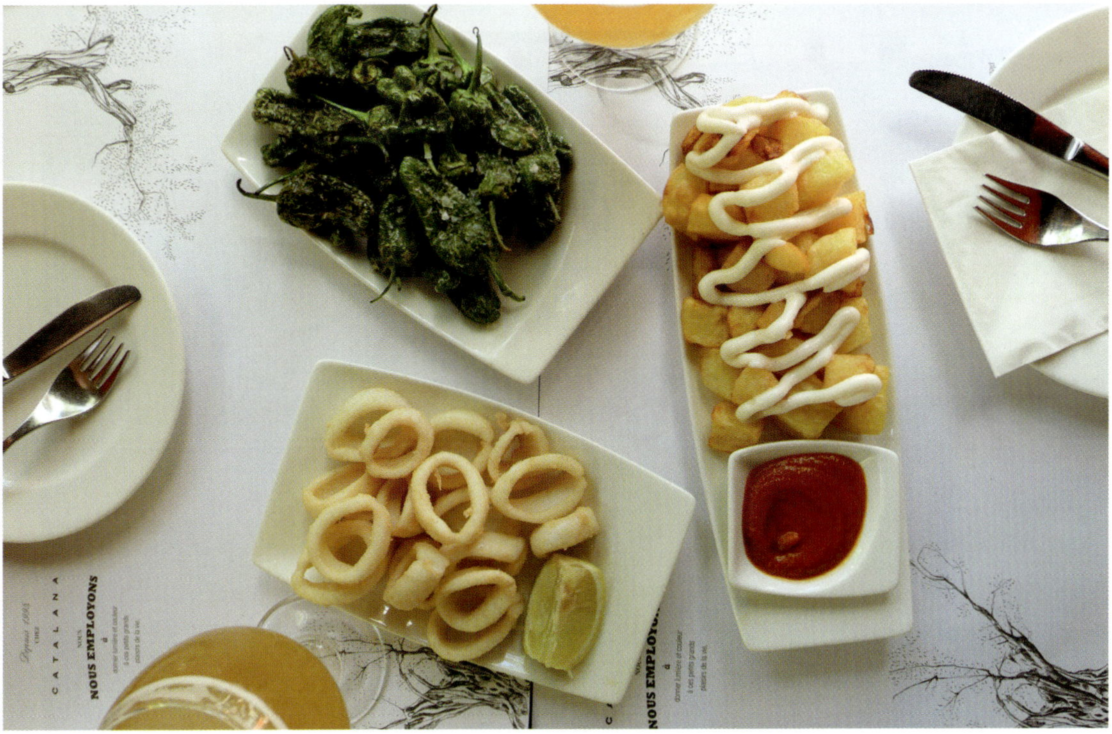
CATALANA
NOUS EMPLOYONS
NOUS EMPLOYONS

280

Spain
Barcelona

day 27

산타마리아 델 마르 성당 옆에 있는 골목에는 1851년부터 자리를 지켜온 카사 히스페르트 Casa Gispert라는 견과류를 판매하는 가게가 있다. 가게 안에 있는 오븐에서 직접 갖가지 견과류를 볶기 때문에 고소한 냄새가 가득하다. 시식용 아몬드를 몇 개 먹어봤더니 도저히 그냥 나올 수가 없었다. 스페인은 기후가 올리브유나 견과류를 재배하기에 최적화되어 마트만 가도 견과류 종류가 상상을 초월한다.

이곳은 견과류뿐 아니라 잼, 초콜릿, 커피, 식초 등 스페인을 대표하는 식재료를 다양하게 판매하니 선물 아이템을 고민 중이라면 들러도 좋다. 하나 더, 로고가 있는 에코백도 추천한다.

카사 히스페르트 Casa Gispert
Add Carrer dels Sombrerers, 23, 8003 Barcelona
Open mon~sat 10:00~20:30
Instagram @casagispert

Spain
Barcelona

바르셀로나에서 우리는 배고플 겨를이 없었다. 또 한 잔씩 마시는 알코올로 적당히 기분 좋은 취기가 감돌았다. 그래서 생각해낸 방법은 한 끼를 배불리 먹으면, 저녁에는 샐러드를 사먹거나 만들어 먹었다. 샐러드 레시피는 여행지에서 쉽게 구할 수 있는 재료를 사용해 아주 간단하게 만드는 것이다.

day 27

에멘탈 치즈 샐러드 만들기

Ingredient
샐러드 드레싱(요거트 1컵, 소금 1꼬집, 레몬즙 1/2큰술, 홀그레인 머스터드 1작은술)
에멘탈 슬라이스 치즈 2장
크루통 10개 정도
샐러드 야채 1움큼
올리브유 적당량
후춧가루 1꼬집

How to
1. 먼저 샐러드 드레싱을 만들어 냉장고에서 30분 정도 차게 보관한다.
2. 샐러드 야채를 씻어 물기를 제거하고 접시에 담는다. 에멘탈 슬라이스 치즈는 손으로 뜯어 올린다.
3. 크루통을 올리고 샐러드 드레싱을 뿌린다.
4. 올리브유를 두르고 후춧가루를 뿌려 마무리한다.

284 Spain Barcelona

day 28

현지인들의
일상을 구경하다

따뜻한 커피 한잔과
라임을 넣은 물,
유기농 마트에서 사온 빵
그리고 매일 먹는 청무화과의
완벽한 조합.

day 28

day 28

숙소에서 나와 카페를 지나 골목으로 들어가면 편집숍을 비롯해 마트, 카페, 빈티지 가구점 등 이 세상 모든 물건을 모아놓은 듯했다. 우리는 특히 이 길을 좋아했는데, 바르셀로나 현지인들의 일상을 구경할 수 있기 때문이었다. 아침이 되면 출근하는 모습을, 그러다 오후 2시가 되면 다들 어디론가 사라져 텅텅 비는 골목, 5시 즈음이면 하나 둘씩 문을 여는 가게들….

밤이 되면 마실 나오는 사람들 틈바구니에 끼여 어슬렁어슬렁 거리를 왔다 갔다 했다. 너무나 자주 와서 이제는 어디에 뭐가 있는지 알 정도다. 그중에서도 바르부트 Barbut는 커피는 물론이고, 브런치와 늦은 밤에 와인을 마신 적도 있다. 우리는 바르셀로나를 떠나기 전 마지막으로 이곳에 또 들렀다. 사실 어디를 가나 타파스는 대개 비슷한데, 이곳은 모든 음식을 모던하게 조리하는 게 특징이다. 나는 최근에 전통요리를 어떻게 모던하게 풀 것인지에 관심이 있던 터라 가보고 싶었던 곳이다.

전통요리는 어쩔 수 없이 대체로 식상하게 느껴진다. 모던하고 세련되게 풀어도 너무 비싸거나 어려울 수밖에 없다. 그런데 이 모든 것이 결국에는 셰프의 몫이기 때문에 다양한 요리를 시식해보고, 연구해야 한다. 이곳의 파파타스 브라바스는 시그니처 메뉴라 할 만큼 독특한 조리법과 맛을 자랑한다. 바르셀로나에 가면 꼭 한번 가봐도 좋겠다.

바르부트 Barbut

Add Carrer de Bonavista, 8, 08012 Barcelona
Open mon~fri 09:00~23:30, sat 10:00~23:30, sun off

Spain
Barcelona

바르셀로나 도심에서 가장 많이 볼 수 있는 편집숍은 나투라 Natura다. 옷, 액세서리, 가방, 주방용품, 생활용품, 책 등 모든 물건이 스페인 특유의 색깔을 입고 있다. 보통 매장 이름은 나투라이고 디아고날역 근처에는 주방과 생활용품만 따로 취급하는 나투라 카사 Natura Casa가 있다. 지하부터 1층까지 비교적 큰 공간에 자연 소재의 러그, 가드닝 용품, 가구 등 라이프스타일을 아우르는 물건으로 가득하다. 서울로 가져갈 걱정만 없으면 러그며 거울이며 사고 싶은 게 너무 많았다.
가격도 리즈너블하고 한참을 고민하다 작은 러그와 주방용품을 몇 개 샀다. 이곳을 중심으로 역 반대쪽으로 걸어가면 가구점과 라이프스타일숍이 종종 보인다. 지금까지는 못 보고 지나쳤는데, 떠나기 직전에 이런 보물 같은 공간이 눈에 띄어서 그나마 천만다행이었다.

나투라 카사 **Natura Casa**
Add Avinguda Diagonal, 472-476, 08006 Barcelona
Instagram @naturacasa

Spain
Barcelona

바르부트를 지나 골목을 걷게 되면 구석구석 아담하고 앙증맞은 상점이 숨어 있다. 마치 보물 찾기를 하는 느낌이다. 라탄 가방과 색감이 특이한 크고 작은 도자와 병을 비롯해 다양한 디자인의 거울이 작은 상점을 가득 채우고 있었다. 전통적인 수공예품을 현대적인 감각으로 새롭게 해석한 이곳은 라탄 제품과 관련한 워크숍이나 클래스를 진행하기도 한다.

카사 아틀란티카 Casa Atlantica
Add Carrer Llibertat, 7, Bajos 2da, 08012 Barcelona
Open mon~sat 15:00~20:00

day 28

휴대폰 속 지도를 따라가지 않고도 이제는
어디에 뭐가 있는지 대충 알게 되었다.
그만큼 이 도시에 익숙해졌고 적응했다는 의미다.
그런데 다시 떠날 때가 되었다.
새로운 곳을 찾기보다 익숙하고 좋아하는 곳을
두세 번 다시 찾다 보니,
구글맵에서 찾아온 노란색 별표에 반도 못 가봤다.
해가 지고 하루를 마감하는 게 아쉽기만 하다.

292

Spain
Barcelona

day
29

기쁨과 아쉬움의
교차점에서

우리는 내일 바르셀로나를 떠난다. 집으로 돌아간다는 기쁨과 바르셀로나를
떠나는 아쉬움이 교차하면서 기분이 묘하다.

day 29

바르셀로나로 떠나기 직전의 설렘도 떠오르고, 다시 일상으로 복귀하면 열심히 일하고 싶은 마음도 크다. 아침에 눈을 떠서 출근에 대한 걱정 없이 가우디 성당을 바라보며 오늘은 뭘 할 것인지 즐거운 고민을 하는 것도 오늘이 마지막이다. 바르셀로나를 온전히 내 것으로 만드는 데 한 달이면 충분할 줄 알았는데, 다시 또 가보고 싶은 카페도, 식당도, 거리도 다음을 기약해야 한다.

294

Spain
Barcelona

day 29

벙커에 올라가려면 여러 방법이 있겠지만, 버스가 가장 편할 것 같았다. 지하철역에서 내려 걷기에는 거의 등산 수준일 것 같았다. 카탈루니아 광장에서 22번 버스를 타거나 카사 바트요에서 24번 버스를 타는 게 좋을 것 같다. 구글맵에서 'Bunkers del Carme'를 검색하면 쉽게 찾을 수 있다. 24번을 타면 Doctor Bové-Gran Vista 정류장에서, 22번을 타면 Ronda St Pere-Pg de Gràcia 정류장에서 내리면 된다. 혹시 야경을 보러 간다면 많은 사람이 올라가는 길이 있다. 주변을 봐가며 눈치껏 따라가면 벙커에 도착할 것이다. 우리는 오후 5시경 벙커에 도착했는데도 벌써 많은 사람으로 가득했다. 한 가지, 벙커에 갈 때는 미리 간단한 먹거리와 음료를 준비하는 게 좋다.
겁도 없는지 절벽 위에 올라가 있는 사람, 절벽 사이에 걸터앉은 사람도 보였다. 우리는 절벽 근처에도 못 가고 멀찍이 떨어져 서서 보기로 했다. 편하게 걸터앉아도 좋겠지만, 안전하게 기대어 보는 게 마음이 편했다.
이 시간을 '개와 늑대의 시간'이라 했던가? 이 말은 해 질 녘을 의미하는 프랑스의 'L'heure entre chien et loup'에서 유래했다. 세상이 붉게 물들고, 언덕 너머로 다가오는 실루엣이 내가 기르는 개인지, 나를 해치러 오는 늑대인지 분간할 수 없다는 의미로 개와 늑대의 시간이라고 한다.
나는 하루 중에서 이 시각을 제일 좋아한다. 붉은 건지, 푸른 건지 분명하지 않은 그 사이로 비치는 하늘을 보고 있자니, 이곳에서 사는 것도 나쁘지 않겠다는 생각이 들었다. 그러다 벙커 곳곳에 있는 'Tourist go home'이라는 글귀를 보자 갑자기 겁도 났다. 하지만 기분 좋게 불어오는 바람과 노을을 바라보니 마음이 편안해졌다.

Spain
Barcelona

day 29

MUHBA - 투로 데 라 로비라 Turó de la Rovira
Add Carrer de Marià Labèrnia, s/n, 08032 Barcelona

day 29

보른 지구를 걷다 배가 너무 고파서 아무 곳이나 들어가기로 했다. 이제는 구글을 검색하는 것도, 트립 어드바이저를 찾는 것도 슬슬 지쳐갔다. 아무 곳이나 들어가자 했지만, 그렇다고 무턱대고 들어갈 용기가 나지 않아 손님이 많은 곳을 찾아봤다. 얼마 전 일본인 관광객이 많았던 곳이 떠올랐다. 타페오 Tapeo라는 바인데, 타파스 전문점으로 모던한 음식이 특징이었다. 예약을 하지 않았는데도 운 좋게 자리가 있었다. 아스파라거스 샐러드와 대구 카넬로니, 크로켓 그리고 매일 먹는 틴토 데 베라노 한잔을 시켰다. 음식이 나오기 전에 마시는 달달한 틴토 데 베라노는 이 순간의 피로를 말끔히 풀어주는 피로회복제다.

아스파라거스튀김은 일본식 튀김과 스페인 전통의 소스가 합쳐진 색다른 맛이었다. 튀김을 매콤하고 고소한 로메스코에 찍어 먹으니 입맛을 돋웠다. 카넬로니는 고소한 크림소스와 파스타 면을 채운 짭조름한 닭고기가 있어 한 끼 식사로 충분했다. 나는 프랑스 요리를 하는 사람이지만, 스페인 요리가 얼마나 흥미로운지 모른다. 더욱이 우리 입맛에도 잘 맞는다. 우리가 얼마나 맛있게 먹었는지, 옆 테이블의 퀘백에서 온 부부는 우리랑 똑같이 먹어보고 싶다며 똑같은 음식을 주문했다. 여행지에서만 일어날 수 있는 에피소드다.

타페오 Tapeo
Add Carrer de Montcada, 29, 08003 Barcelona
Open 12:00~24:00

Spain
Barcelona

마지막 숙소가 가장 빛났던 건, 눈을 뜨고 감을 때마다
창문 사이로 가우디 대성당이 보였기 때문이다.
예전에 가봤다는 이유로 이번 여행에서는 건너뛰었지만,
아침저녁으로 의자에 앉아 대성당을 보고 또 봤다.

day 29

302 Spain
     Barcelona

day
30   떠나는
       날

알람을 맞추지도 않았는데 우리는 약속이라도 한 듯 해가 막 뜨기 시작할 즈음 눈을 떴다. 마지막이라서? 창으로 들어오는 햇살과 하늘을 바라보며 누워 있었다. 불과 몇 분 만에 가우디 대성당을 배경으로 펼쳐진 하늘색이 변했다. 깜깜했던 창문에 하나 둘씩 불이 켜지기 시작했다.

day 30

무사히 집으로 돌아간다는 안도감과 빨리 스튜디오로 돌아가 다시 일을 하고 싶다는 마음은 뭘까? 바르셀로나를 떠나는 것에 대한 아쉬움을 부정하고 싶기 때문에? 언제 또 이렇게 오랜 시간 바르셀로나와 사랑에 빠질 수 있을까? 마음이 이리저리 흔들리고 있었다.

304 Spain
Barcelona

day 30

우리의 첫 번째이자 마지막 숙소인
카사 그라시아 입구에 이런 문구가 있다.

'Mi Casa Es Tu Casa.'
내 집이 네 집이야.
(Your House Is My House.)
너의 집처럼 편히 지내다 가라는 뜻이다.
이 숙소뿐 아니라 바르셀로나가 우리에게 보여준
따스함으로 참으로 편히 지내다 돌아간다.

Adios Barcelona!

Spain
Barcelona

Epilogue

누구라도 그렇겠지만, 우리 모두는 열심히 살고 있다.
그럼에도 항상 걱정과 불안감을 가득 안은 채 주변을 돌아볼 여유도 없이 앞만 보고 달려간다.
1년을 꼬박 일에 매달렸고, 정확히 1년이 되는 시점에 몸과 마음이 신호를 보냈다.
나의 삶에서 시에스타가 필요한 그즈음 우리는 바르셀로나로 떠났다.
시에스타가 뜨거운 여름을 견뎌낼 수 있도록 쉬어 가는 낮잠이라면, 바르셀로나에서 보낸 한 달은
1년을 숨 가쁘게 뛰어온 우리에게 주는 달콤한 낮잠 같은 시간이었다.

바르셀로나의 뜨거운 여름은 우리를 기꺼이 맞아주었고,
사람들의 미소와 거리에 넘쳐났던 활기는 우리를 환영하는 듯했다.
모든 음식은 맛있었고, 어떤 거리를 걸어도 우리의 감각은 잠시도 가만있지 않았다.
사람들은 친절했고, 바르셀로나는 구석구석 걷고 또 걸어도 언제나 새로움으로 가득했다.

바르셀로나는 정말 많은 것을 소유하고 있음에도 그것을 뽐내기보다
소박한 일상에서 그 아름다움을 보여주었다.

이곳에서 우리가 가장 평화로웠던 시간은 해 질 녘 창가 혹은 계단에 앉아 아무 말 없이 멍하니 하늘을 바라볼 때였다.
때로는 눈물이 흐를 만큼 가슴 벅차기도 했고, 이렇게 아름다운 하늘을 볼 여유조차 없이 지금까지 무얼 위해 이렇게 달려왔을까 하는 생각도 했다.
우리는 해 질 녘에 종종 모브닝의 '그날의 우리는 오늘과 같을 수 있을까?'를 듣곤 했다. 무슨 이유 때문인지는 몰라도, 우연히 들었던 이 노래를 크게 틀어놓고 하늘을 바라보았다. 여행은 우리에게 추억을 선사한다. 이 노래를 들을 때면 바르셀로나에서 보낸 시간을 추억하게 될 테니까.

바르셀로나에 도착하자마자 무거운 옷을 벗어 던지고 발길 닿는 대로 걸었다.
주변을 의식하고 싶지 않았고, 의식할 필요도 없었다. 화장도 하지 않고 아무렇게나 입고 온몸이 새카맣게 탈 때까지 걷고 또 걸었다.

서울로 가기 위해 공항으로 향하면서 이런 생각을 했다.
한국으로 돌아가면 더 자유로워져야지.
조금 더 여유를 갖고 미소를 지어야지.
사람들한테 친절해야지.
더 열심히 일해야지.
그리고 꼭 다시 바르셀로나로 돌아와야지.

Barcelona

초판 1쇄 발행 2019년 8월 21일
초판 5쇄 발행 2023년 4월 12일

지은이 아뜰리에 15구
발행인 황혜정
펴낸 곳 오브바이포 Of By For
전자우편 ofbyforbooks@naver.com
팩스 02-6455-9244
출판등록 2017년 9월 19일 제 25100-2017-000071호
ISBN 979-11-962055-4-6 (13980)

* 가격은 뒷표지에 있습니다.
* 저작권법에 따라 한국에서 보호받는 저작물이므로 복제를 금합니다.
* 이 책의 내용 일부 또는 전부를 재사용하려면 반드시 저작권자와 출판사의 동의를 얻어야 합니다.
* 표지 디자인 등 책의 디자인을 상업적으로 사용할 수 없으며 필요 시 반드시 출판사의 허락을 받아야 합니다.